CB129597

MONOTEÍSMO E POLITEÍSMO

UM ENSAIO EM PSICOLOGIA ANALÍTICA

SATTVA EDITORA

contato@sattvaeditora.com.br
www.sattvaeditora.com.br

Editora: **Vivian Lerner**

Projeto gráfico, diagramação e capa: **Luiz Zonzini**

Revisão e edição de texto: **Leda Beck**

Monoteísmo e Politeísmo –
Um ensaio em psicologia analítica
Copyright © 2021 • Sattva Editora

Todos os direitos reservados

Nenhuma parte desta obra pode ser reproduzida sem a autorização expressa da editora

Dados Internacionais de Catalogação na Publicação (CIP)
(Câmara Brasileira do Livro, SP, Brasil)

Zacharias, José Jorge de Morais
Monoteísmo e politeísmo : um ensaio em psicologia analítica / José Jorge de Morais Zacharias. -- 1. ed. -- São Paulo : Sattva Editora, 2021.
ISBN 978-65-86420-02-9
1. Psicologia 2. Psicologia junguiana I. Título.

21-58953 CDD-150

Índices para catálogo sistemático:

1. Psicologia 150

Aline Graziele Benitez - Bibliotecária - CRB-1/3129

José Jorge de Morais Zacharias

MONOTEÍSMO E POLITEÍSMO

UM ENSAIO EM PSICOLOGIA ANALÍTICA

SATTVA
EDITORA

2021

Dedicado a

Padre Dutra (Ig. São Luiz Gonzaga) Terreiro de Iatogum
Tia Joaquina Fasolim (Terreiro Caboclo Inco)
Pastor George e Jane Faulkner (Ig. Evang. Quadrangular)
Loubert e Mara (Ig Christian Science)
Revs. Abival e Eliseu (Ig. Presbiteriana Indep)
Prof. Geraldo Paiva (USP)
Profa. Ronilda Ribeiro (USP)
Frei Chico (pesquisador franciscano)
Eloisa Falcomer (pesquisadora kardecista)
Glauco Ulson (analista)
Mãe Stella de Oxóssi e Graziela (Ilê Axé Opô Afonjá)
Mãe Marcia (Yonuaruê)
GePsiRel e Unus (grupos de estudo em psicologia da religião USP)

Todos que me acompanharam nos caminhos
da vivência do Sagrado, gratidão!

SUMÁRIO

APRESENTAÇÃO

Rejane M. G. L. Natel[1]

O autor nos convida a um passeio entre várias ciências e religiões, em busca da compreensão histórica, social e psicológica da necessidade humana de entender a presença de monoteísmo ou politeísmo nas religiões.

Assim, apresenta-nos neste ensaio o desenvolvimento da Ciência das Religiões, hoje entendida de forma institucional, e dos primórdios do ser humano em sua tomada de consciência e aquisição de conhecimento.

Passeia consistentemente pela mitologia e seus Deuses, no universo politeísta. Nos convida a olhar a filosofia e seus pensamentos mono e politeístas e discute profundamente a imagem de Deus nesta ciência, com base em vários autores.

É mais que um convite, é uma explanação sobre a Psicologia e seus estudiosos, quando discutem a necessária avaliação da Teologia e da experiência dos pacientes quanto à existência de Deus e suas manifestações na busca pela cura.

Aponta o necessário conhecimento de mitos e deuses, nas várias culturas que se manifestam na clínica psicológica, e nos remete à diversidade de imagens e símbolos que permeiam o universo religioso, monoteísta ou politeísta, de cada indivíduo.

Apresenta, assim, a dualidade humana expressa até nas ma-

---

1. Mestra em Ciências da Religião, PUC-SP, analista didata filiada ao Instituto de Psicologia Analítica de Campinas (IPAC), à Associação Junguiana do Brasil (AJB) e à International Association for Analytical Psychology (IAAP). Escreveu *O curador ferido – mito e formação junguiana* (2019), da Appris Editora, obra sobre xamanismo e psicologia analítica.

nifestações politeístas e monoteístas, através da dualidade máxima entre o bem e o mal. Entre a busca do si-mesmo, centro de energia psíquica, e o ego, aponta o conflito da dualidade vivida por inconsciente e consciente em busca do autoconhecimento – ambos expressando do mesmo modo a dualidade. Aquilo que é vivido e o que será manifesto em algum momento pelo inconsciente, nos remete ao que Carl Jung denominou de função religiosa, inerente a todos e à individuação de cada um, a busca do si-mesmo.

O autor chama nossa atenção para necessário cuidado, como analistas, com a aceitação dessa dualidade humana, em que os universos religiosos de cada sujeito, individual e coletivo deve ser entendido e ressignificado em seus símbolos e imagens.

Este ensaio é também um convite, às várias ciências humanas, para buscar o conhecimento histórico, social, religioso e psicológico dos universos politeísta e monoteísta implícitos em nossa vivência, desde os tempos primitivos até hoje.

Jung dá o necessário embasamento teórico na Psicologia, bem como vários autores no desenvolvimento desse ensaio. Utilizando o seu vasto conhecimento em Ciências da Religião e Teologia, José Jorge de Morais Zacharias nos apresenta um trabalho importante, dentro da leitura religiosa e científica que o tema exige.

PSICOLOGIA E RELIGIÃO, OLHARES SOBRE O MESMO FENÔMENO

A questão do politeísmo e do monoteísmo está presente em vários campos da pesquisa em Ciências Humanas, entre eles as Ciências da Religião, a Antropologia, a História, a Sociologia, a Arqueologia e a Psicologia, mais especificamente a Psicologia Social e a Psicologia da Religião, área em que se destaca o psiquiatra suíço Carl Gustav Jung (1875–1961). Além destes campos científicos, a questão também pode ser encontrada em áreas como as artes, em que a representação de múltiplas divindades, uma divindade ou a não representação de divindades em si, mas alegorias que fazem referência à divindade estão expressas em pinturas, esculturas, vitrais etc. Além das artes plásticas, a dança, a música, o teatro e até o cinema têm apresentado expressões das experiências religiosas e das divindades. Ainda podemos lembrar as questões filosóficas, éticas e morais que formularam complexas teologias acerca da natureza do divino.

Este é um campo muito amplo de pesquisa e há vários paradigmas que sustentam pontos de vista diferentes para a compreensão mais clara do fenômeno religioso e da representação das divindades. Para este ensaio, o enfoque será norteado pelos pressupostos da Psicologia Analítica, em que se lançará mão fartamente de observações históricas e sociais.

As questões teóricas e conflitos entre a abordagem psicológica e as experiências místicas ou religiosas sempre foram campo de muitos debates e pesquisas, seja em função de posturas mais radicais em termos de cientificismo ou posturas mais inclusivas do fenômeno religioso pela Psicologia científica; ou por atividades ingênuas e crédulas que remetem ao pensamento mágico infantil. Estas oscilações de foco criam um movimento pendular e enantiodrômico.

Por um lado, o pêndulo tende para a postura científica mais positivista, em que alguns autores abordam o fenômeno religioso como algo exclusivamente psicossocial ou psicofisiológico, descrevendo crenças e valores de um determinado grupo ou mapeando sinapses e alterações bioquímicas do cérebro. Nestes casos, a essência transcendente da experiência religiosa, para o indivíduo que a vive, é alienada da natureza humana, reduzindo a vivência religiosa a processos exclusivamente sociais ou neurais, desconsiderando o sentido para quem o experiencia; pois as divindades ou planos espirituais não passariam de conexões elétricas entre neurônios ou de crenças e tradições aprendidas culturalmente. Neste sentido, não há um significado intrínseco ao indivíduo que se relacione com as estruturas de sua personalidade.

Por outro lado, o pêndulo dispara para práticas e posturas pseudocientíficas, e que justificam todas as experiências religiosas como tal, sem a tentativa de se compreender quais suas implicações psicológicas, culturais ou neuropsicológicas; assim se autoriza uma postura contemplativa e fenomenológica primária sem a busca de suas questões mais profundas, submetendo quem as pratica a atividades pseudocientíficas mesmo em atendimentos profissionais. Estes extremos de oscilação pendular nos remetem ora para o *Logos* crítico e cético, ora para o *Eros* infantil e afetivo.

O que Freud chamou de onda mística não é algo tão facilmente desconsiderado no âmbito da Psicologia e das Ciências Sociais como um todo. Não é possível simplesmente resguardar a Psicologia da lama negra do ocultismo, como queria Freud no início da psicanálise. Segundo Jung, teria afirmado Freud: "Meu caro Jung, prometa-me nunca abandonar a teoria sexual. Esta é a coisa mais essencial de todas. Você entende, um baluarte inabalável... contra a maré negra de lama... do ocultismo" (FREUD *apud* JUNG 1978, p. 136).

Parece que a questão não é tão simples assim. Sabe-se que a chegada do conceito de inconsciente em Medicina e Psicologia deve-se aos experimentos de Anton Mesmer (1734-1815) com o mesmerismo ou hipnotismo, a partir das sessões de exorcismo do padre Joseph Gassner (1727-1779). Estas experiências, que trouxeram à luz o dinamismo de outra mente não consciente e subjacente a todos os indivíduos, o inconsciente, tiveram origem na observação de casos de possessão, tão narrados desde a Idade Média. Vale lembrar que no século XIX fenômenos mediúnicos e hipnóticos chamaram a atenção de pesquisadores como Theodore Flournoy (1854-1920), Jean-Martin Charcot (1825-1893) e Pierre Janet (1859-1947).

A cultura brasileira foi construída na tradição católica popular portuguesa, amalgamada por práticas religiosas africanas e dos habitantes nativos do território. Nossa religiosidade, a exemplo de todas as culturas, sempre incluiu aspectos místicos que foram se difundindo na vida social, este fenômeno de hibridismo cultural, e por que não dizer simbólico, sempre ocorreu, mesmo em povos europeus ou ditos raça pura. Este hibridismo cultural inclui hábitos, linguagem, estética, valores e símbolos e práticas religiosas, e de que outro modo poderia ser, se afinal uma das expressões humanas mais legítimas é o comportamento religioso?

As culturas, sociedades e comunidades sempre dirigiram sua devoção a deuses,[2] aos mortos, aos espíritos, a elementos da natureza, aos animais; e mais modernamente à ciência, ao capital ou ao partido. Sim, pois o comportamento religioso, enquanto atitude religiosa, não precisa ser direcionado exclusivamente a entidades sobrenaturais; podemos observar a devoção de pessoas a deuses mais materiais, como o Estado e ideologias políticas, que são deuses mais perversos que os antigos. O comportamento religioso e místico é observado em todas as culturas e épocas, mesmo quando a razão foi elevada à condição de deusa e consagrada na catedral de *Notre Dame* durante o Iluminismo. Parece que a afirmação de Freud em *O fim de uma ilusão* não se concretizou; a religiosidade e as religiões em suas várias formas e expressões estão bem vivas em pleno século científico como o XXI.

A partir disso, não podemos entender a questão do misticismo esotérico ou da religiosidade como algo inadequado ao estudo da Psicologia, como alguns psicólogos já colocaram na atualidade. Se assim fosse, seria o mesmo que admitir que a Psicologia nunca quis olhar a dimensão mística e religiosa a partir do comportamento humano. Quem poderá afirmar que o misticismo e a religiosidade chegaram ao mundo depois da Psicologia?

É fato que, em muitas regiões do Brasil, as pessoas confiam mais nas tradicionais benzedeiras do que nas práticas médicas convencionais e cientificamente demonstradas. Certamente este dado evidencia, por um lado, uma sociedade organizada na desigualdade social, em que muitos nunca tiveram acesso

---

2. Neste ensaio, referências ao Deus monoteísta serão grafadas com inicial maiúscula, pois, nesse caso, trata-se de nome próprio. Nas religiões politeístas, os deuses já têm nomes próprios, como Zeus, Oxalá, Tupã ou Thor. Mas a referência a um deus genérico do panteão politeísta será grafada em minúsculas, justamente porque, nesse contexto, a palavra "deus" é apenas um adjetivo, não um nome próprio.

a tratamentos médicos adequados e que o apoio das benzedeiras foi o único alento em meio ao sofrimento físico e emocional. De outro modo, mesmo em cidades grandes e com mais recursos, a busca por curas sobrenaturais em igrejas neopentecostais, novenas católicas ou operações espirituais estão muito presentes na cultura.

Não queremos dizer com isto que somente o tratamento médico resolveria todo o problema, pois se esta população for arrancada de suas raízes tradicionais corre o risco de perder a sua alma e estados desta alma são importantes para o processo de cura. Sem as benzedeiras, muito dos mapas de realidade destas populações se esvaziariam, lançando-as em um limbo entre sua tradição expropriada e a cultura cientificista não atingida. Entendemos "alma", aqui, como raiz e cultura, que dá sentido e significado a um indivíduo e a uma comunidade, além da representação simbólica mais profunda para cada pessoa.

Com o desenvolvimento das ciências biológicas, psicológicas e sociais, certamente os antigos xamãs, curandeiros, feiticeiros, adivinhos e outros foram forçados a ceder lugar aos médicos, psicólogos e cientistas sociais. Os séculos XIX e XX demonstraram o triunfo da ciência positivista e igualmente o da insanidade individual e coletiva (JUNG 1988). Não estamos nos referindo ao doente mental, que foi institucionalizado na tentativa de a sociedade exorcizar o seu próprio mal estar coletivo, personificado no indivíduo desidentificado com os padrões sociais, como bem o descreveu Foucault (1972). Referimo-nos aos que, julgando-se portadores da racionalidade científica, jogaram o mundo em duas grandes guerras insanas, fatos avaliados por Jung como a grande falha da cultura estritamente racionalista.

Nunca houve tanta ciência no mundo, e este conhecimento

jamais se comprovou comprometido exclusivamente com bem estar e desenvolvimento humano. Os conflitos da atualidade surgem de questões sócio-histórico-psicológicas, além das econômicas. A atual postura belicosa entre Ocidente e Oriente, entre a cultura cristã e islâmica, bem como o conflito na Palestina, tem por base não só questões sociais e culturais, mas também questões psicológicas, profundamente arraigadas nas culturas afins.

Não pretendemos negar o conhecimento científico e tecnológico, e tampouco sua importância para o desenvolvimento e a sobrevivência humana, mas gostaríamos de afirmar a posição de que a ciência não é a única verdade pela qual deva se pautar a vida humana e a sociedade. Nem afirmar que a religião tem a habilidade de resolver os problemas do mundo. Aliás, muitas guerras foram e são provocadas por questões religiosas, mas nem por isso a religião deve ser um campo menosprezado, pelo contrário, deve ser compreendido, pois, segundo Jung, ainda habita em nós o ser humano primitivo (JUNG 1987).

O dinamismo humano inclui outras verdades que, embora não sejam científicas, compõem o substrato de nossa experiência e busca de conhecimento do mundo. Referimo-nos a um quatérnio de campos de experiência humana na busca do conhecimento, em que cada um possui suas verdades e seu conjunto de saberes, ainda que por métodos diferentes. Como podemos afirmar que a metodologia científica é a única forma de se acessar o conhecimento? Cada um dos quatro campos tem sua metodologia própria, em função da natureza do objeto ou fenômeno em escopo. Além disso, estes campos podem criar pontes de diálogo através de uma abordagem sistêmica e holística, lugar de amplificações dos saberes particulares de cada um dos campos de experiência.

Estes campos são: as ciências, as artes, as filosofias e as religiões.

Quem atenta para o fenômeno humano em geral e para si mesmo percebe a dinâmica desses saberes que coexistem na existência, se entrelaçam, se constroem e reconstroem ao longo da vida e da história. Uma verdade científica é tão real quanto uma verdade artística, religiosa ou filosófica. Cada saber se constrói com base nas diversas experiências. Assim, os pressupostos da Física, da Biologia ou da Psicologia são tão válidos quanto o é a obra de J. S. Bach, a filosofia de Kant ou os milagres de Lourdes. Não se utiliza o mesmo método para cada um desses saberes, mas todos eles não exprimem verdadeiramente o fato da existência humana? Compreender a existência como uma pluralidade de experiências com campos de conhecimento, cada um íntegro em si mesmo, é conferir maior abrangência às dimensões humanas e sua fenomenologia.

Deixando esses saberes todos no mesmo nível de importância para o desenvolvimento e a compreensão humana, gostaríamos de propor um sistema de abordagem: a questão do olhar.

Entendendo cada um de nós como um ser único, apesar de multifacetado e coletivo, preferimos nos referir ao ser humano como um fenômeno manifesto em cada indivíduo e na sociedade histórica, presente e futura. Assim, podemos abordar este aspecto através de diversos olhares. Podemos compreender a experiência e a existência pelo olhar religioso ou científico, pelo olhar filosófico ou artístico.

Se optarmos pelo olhar religioso, ainda precisamos definir se avaliamos e compreendemos a experiência do nosso interlocutor sob o nosso próprio olhar ou na perspectiva religiosa do interlocutor; se pretendemos convertê-lo, compreender ou afirmar sua crença. Se optarmos pelo olhar científico, mais especialmente o olhar da clínica psicológica, precisamos avaliar e compreender a experiência do nosso paciente sob o enfoque da ciência psicológica, sempre tendo como referência a vivência pessoal que nos é narrada. O que está em jogo não é o fenômeno em si, que pode abarcar muitas leituras. A questão está nos olhos de quem vê e no tipo de abordagem que utilizaremos.

Propomos uma analogia. Podemos observar uma plantação de soja como um belo quadro a ser pintado, o olhar estético. Uma obra do Criador em sua beleza e bondade, o olhar religioso. Um bom desempenho agronômico com o preparo adequado do solo para a cultura da soja, o olhar da Agronomia. Um valor econômico na proporção de capital empregado e do lucro obtido com a venda da soja, o olhar econômico. Uma exploração de boias-frias que ganham muito menos do que podem render ao agricultor, o olhar sócio-político. E muito mais. O fenômeno é o mesmo, o campo de soja ainda está do mesmo jeito, o que muda é o olhar. A possibilidade do diálogo entre os diversos olhares possibilita maior compreensão do fenômeno observado, com suas múltiplas implicações sem, contudo, abarcar sua própria essência.

O mundo dos espíritos e o inconsciente têm fenomenologia semelhante. No entanto, o psicólogo o abordará do ponto de vista da ciência psicológica e o xamã, o médium ou a yalorixá do ponto de vista transcendente e espiritual. Um não invalida o outro, pois têm entre si íntima relação analógica. Um se torna espelho do outro, mas não podemos saber precisamente qual a fonte produtora do fenômeno em si, se espiritual ou psicológico. Aliás, na prática, esta questão não importa muito, pois a intervenção analítica ou ritualística produzirá efeitos no indivíduo. Por outro lado, em sua origem, não podemos claramente separar o que é espiritual do que é psicológico, pois o campo em que se dá o fenômeno religioso é a própria psique (JUNG 1991). Acreditamos que a fonte deve estar muito além do que entendemos por espiritual e psicológico, expressão da humildade necessária a todos que buscam o conhecimento.

Neste sentido, o analista deve estar consciente do olhar profissional que é esperado dele. O psicoterapeuta não é, no exercício de sua profissão, um xamã – embora trabalhe com os mesmos conteúdos. O que diferencia um do outro é o olhar, a maneira e os referenciais conceituais que utilizam para referenciar sua atuação junto ao paciente. Como afirma Jung, a postura da consciência frente ao inconsciente sempre é uma postura religiosa (JUNG 1980b).

Quando o paciente traz conteúdos religiosos no contexto da psicoterapia, a conduta mais apropriada do analista é compreendê-lo sob os parâmetros da ciência psicológica e das crenças do paciente, sejam elas quais forem – sem julgamento ou preconceito. A dinâmica religiosa é do paciente e o analista deve respeitar isso, sabendo que a ciência não invalida a religiosidade, mas que esta compõe o todo do seu paciente, suas crenças, valores e dinâmica simbólica da psique.

O analista deve atuar com o olhar científico, isto é, seu mapa de referências deve estar fundamentado na ciência psicológica, para dialogar com as crenças, experiências e valores de seu paciente, bem como com a vivência e questionamentos religiosos deste, sob o ponto de vista dos conceitos religiosos próprios do paciente e nos limites da prática psicológica cientificamente recomendada.

Finalizando, acreditamos – e esta é uma expressão da nossa própria crença religiosa na vida – que o fenômeno humano é vasto e não cabe somente nos parâmetros das ciências tradicionais. Seria possível imaginar um mundo repleto de seres racionais, deterministas e probabilísticos, sem música, filosofia ou religiosidade?

Procurar compreender a pessoa como um ser plural e único e, humildemente, atuar dentro dos limites dos nossos conhecimentos, o olhar psicológico, não temendo se confrontar com o sentimento de maravilhoso frente ao mistério da vida, trará dignidade e profundidade ao nosso trabalho e quiçá possamos ficar um pouco mais próximos da sabedoria.

No contexto da formação e dos estudos em Psicologia e especialmente em Psicologia Analítica, a questão da religiosidade e da experiência religiosa é um aspecto fundamental para a compreensão da psique profunda. Para se conceber os processos mais complexos, desde os primórdios da Psicologia Analítica, lançou-se mão dos estudos da mitologia greco-romana, seus deuses, alquimia, filosofia perene, teologia, cosmogonias e heróis.

A grande maioria das publicações em Psicologia Analítica se volta para estes saberes como fundamentos analógicos dos processos inconscientes, da fenomenologia dos complexos e arquétipos. No entanto, o helenismo é uma religião que foi suplantada pelo cristianismo e islamismo, não se tendo notícias, hoje, da prática helênica como religião instituída e aceita por um grande grupo, embora pequenos grupos possam estar ressuscitando esta antiga religião, a exemplo do que se vê com o ressurgimento da religião druídica no movimento Wicca.

Como a antiga religião helênica está morta, as pesquisas neste sentido se dirigem principalmente à narrativa de mitos e à busca de seus significados psicológicos. No entanto, a maioria das pessoas que acessam esta literatura não imaginam que esta era uma religião viva, havia rituais, oferendas, devoção e sacrifícios aos deuses; por exemplo, era costume durante os cultos se sacrificar um touro branco a Zeus e em suas entranhas lia-se o prognóstico do futuro. Obviamente, a postura do pesquisador é diferente quando se trata do estudo de uma religião viva como o cristianismo, o budismo ou o candomblé.

Tomando o Brasil, em especial, temos a presença de religiões e cultos politeístas ou monolatristas em que os deuses estão vivos. Há um panteão de deuses e deusas ativos e vivos na dinâmica dos grupos religiosos, com histórias e cosmogonias no melhor estilo da religião helênica. No entanto, ser uma religião viva, talvez este seja o principal problema.

No contexto da conceituação sobre o transcendente, podemos compreender dois paradigmas opostos sobre a natureza do divino: o monoteísmo e o politeísmo. Como a nossa cultura ocidental é baseada no sistema judaico-cristão, somos inclinados a pensar que há somente um único deus e que o início de tudo está no Jardim do Éden com Adão, Eva e a Serpente. No entanto, a Antropologia e a História nos relatam outra realidade. Há diversas narrativas da criação do universo, do mundo e da humanidade muito mais antigas. Além disso, os sistemas politeístas são muito mais antigos do que a doutrina monoteísta de Abraão e Moisés. E o que pode ser considerado ainda mais estranho: a primeira divindade adorada era uma mulher e não um homem, a Deusa Mãe.

Embora pareça muito estranho para alguns, vamos parear a história humana com a história de um único humano, que pode ser qualquer um de nós. Para que possamos existir e, a partir de determinado momento, existir como um ser vivente, a participação da mãe é muito mais importante do que a do pai. Começando a considerar a fertilidade, todos sabemos que ela somente se dá com a união entre um óvulo e um espermatozoide. Mas a participação do pai se limita a alguns minutos de encontro erótico e nada mais. Para a mãe, é o início de um longo processo de nove meses de duração, até que o bebê esteja pronto para nascer. Passando para outro aspecto da Grande Mãe, que é a nutrição, ficará a cargo da mãe a nutrição do bebê, pois o pai não produz leite, e aqui estamos falando dos primórdios da humanidade, tempo em que as imagens arquetípicas se consolidaram.

Isto posto, nada mais natural do que cultuar a deusa, origem e manutenção da vida, como fizeram nossos ancestrais, e não exatamente um deus. Mas, como dissemos acima, estes primórdios não eram monoteístas, não havia o culto exclusivo à Deusa Mãe, pois os conteúdos inconscientes eram projetados em toda a natureza e uma pluralidade de divindades associadas a eventos e elementos da natureza surgiam espontaneamente.

Neste ensaio vamos tentar explorar um pouco estes caminhos, monoteísmo e politeísmo, como expressões do sagrado no contexto da história e da dinâmica psíquica, uma vez que Jung define o centro e a totalidade da psique como *Imago Dei* (a imagem de deus) ou *self*, o si-mesmo. Algumas compreensões deste conteúdo se referem ao centro, ao uno, conduzindo à ideia de monoteísmo, um único deus. Outras compreensões entendem que este conteúdo se refere à totalidade, ao todo, a vários deuses, conduzindo a ideia de politeísmo. Ao longo da história, ambas as posições se apresentam e se mostram eficazes. Seria, então, possível a psique e o si-mesmo se apresentarem de ambas as formas, dependendo de determinadas condições que exigiriam uma ou outra configuração? Esta é a questão que norteou este breve ensaio.

1. A REPRESENTAÇÃO PSICOLÓGICA DO DIVINO

Desde os primórdios da humanidade, muitas formas e expressões da religiosidade foram manifestas, permeando o tempo e os lugares em que as pessoas viveram e ainda hoje vivem. Em contrapartida, se tomarmos as diversas cosmogonias nas quais os deuses criam o mundo e as pessoas, estas codificam os deuses em ritos, mitos e símbolos que expressam as experiências humanas com o transcendente. Podemos pensar que também os grupos, os povos e as culturas criam seus deuses na esteira do tempo.

Neste sentido, podemos entender a relação humana com a experiência divina como um fenômeno que decorre da interação entre instâncias internas (biopsíquicas) e externas (sociais, geográficas e históricas). Esta interação produz os mitos e símbolos que fornecerão o cenário para o drama divino, os ritos e os símbolos.

Os estudiosos das religiões utilizam uma palavra-chave para compreender este campo de manifestações humanas, esta palavra é o Sagrado. Rudolf Otto definiu este termo em 1917 como sendo o inteiramente outro, totalmente diferente de tudo o mais conhecido. Este Outro é entendido e vivenciado como *mysterium tremendum et fascinosum*, que exerce ao mesmo tempo extremo temor e irresistível atração. Os reveladores internos deste "inteiramente outro" são os sonhos e as visões, os externos são os fenômenos naturais, os símbolos, os ritos, as teologias e a experiência estética (HELLERN *et al.* 2000).

Eliade (1987) acrescenta a dimensão psicológica do fenômeno religioso quando evoca o termo *hierofani*, que significa a revelação de algo sagrado. O "inteiramente outro" se revela em uma função psíquica de transcendência, a qual Jung reconhecerá como *imago Dei*, associada ao conceito de *self* ou si-mesmo (JUNG 1980a).

Antropólogos como Tylor (*apud* HELLERN *et al.* 2000) chamou de animismo o mecanismo básico de formação das religiões. Neste mecanismo, atribuem-se qualidades de personalidade a elementos da natureza. Árvore, pedra ou animal teriam em si um espírito inerente à sua natureza. Neste sentido, há intencionalidade e transcendência em todas as coisas.

As crenças religiosas, advindas de profundas experiências místicas, produziram e produzem cosmogonias que conferem aos indivíduos sentido e significado para a vida e para o ato de existir no mundo. O sentido de vida revelado nas cosmogonias é expresso desde a Antiguidade nos ritos, nas artes e na linguagem das diversas culturas.

Para que esta relação do devoto com a divindade se tornasse mais prática, objetos se tornaram sagrados, pois neles uma divindade poderia morar ou ser a manifestação visível das realidades invisíveis. Os primeiros objetos desta devoção foram as pedras em seu estado natural (JUNG 1980a).

Ao surgirem as esculturas ou o entalhamento de pedras e madeira, estabeleceu-se a união entre arte e a religiosidade. Este processo fez com que a representação da divindade adquirisse contornos mais objetivos, ressaltando suas qualidades e características na forma. A história das religiões apresenta grande variedade de objetos sagrados representativos da presença de uma divindade, como, por exemplo, ídolos de religiões antigas no antigo Egito, máscaras rituais em culturas tribais, a Arca da Aliança, os rolos da Lei do Templo de Salomão e imagens e ícones cristãos (CAMPBELL 1993).

Pedras, rios, montanhas, raios, trovões dentre outros elementos naturais, converteram-se em manifestações visíveis de deuses e espíritos que poderiam ser propícios ou destrutivos aos seres humanos. Para conseguir as bênçãos dos deuses e espíritos, era necessário agradá-los, invocá-los e se integrar a eles.

As religiões organizaram-se em sistemas panteístas, politeístas, monolatristas e monoteístas. Todos estes sistemas apresentam consistência na experiência religiosa individual e fornecem a possibilidade do encontro com o sagrado e com a *imago Dei.*

Embora a ideia de evolução do sistema politeísta para o sistema monoteísta, considerado superior e melhor estruturado, tenha fornecido a base para as pesquisas em religião, muitos autores, como Radin e Hillman, questionam esta posição em defesa da pluralidade frente à unidade.

Parece que, na prática religiosa das pessoas, não há primazia de um sistema sobre o outro, mas correspondência de uma necessidade da psique coletiva e individual, diversificando ou unificando a percepção do sagrado. Neste sentido, religiões monoteístas e politeístas, se comparadas suas dinâmicas, apresentam o movimento pendular entre polos. A representação de um único e soberano deus celeste, oculto em sete véus de luz e trevas está em um dos polos; enquanto a outra representação de deus, multifacetado na natureza física e metafísica, encarnado em um grande panteão de deuses e semideuses, está no outro.

POLITEÍSMO E MONOTEÍSMO

Os estudiosos das religiões dividem as práticas religiosas em cinco sistemas: politeísmo, monoteísmo, monolatria, panteísmo e animismo.

Por politeísmo entendem-se os sistemas religiosos que apresentam diferentes deuses, com funções e esferas de atuação distintas. Geralmente, pode haver um deus supremo e distante. É o Deus do Céu, que não habita o céu, mas se revela no firmamento. Pode ser adorado em forma de casal, o deus céu e a deusa-mãe terra, derivando desta união todos os demais deuses e semideuses.

Por monoteísmo entende-se a existência de um único deus, que atua sobre todas as coisas e tem todas as funções. Há exemplos na história que indicam ser o monoteísmo uma reação à adoração de vários deuses.

Por monolatria entende-se a adoração de um único deus, sem que se negue a existência de outros. Neste sistema, o devoto escolhe uma divindade dentre outras para adoração, em função de confiança ou afinidade.

Por panteísmo entende-se que a divindade está presente no mundo e permeia tudo o que existe. Pode manifestar-se de forma impessoal ou como *anima mundi* (alma do mundo). Este sistema é a base religiosa do misticismo.

Por animismo entende-se que a divindade se expressa em uma multiplicidade de almas individuais ou espíritos. Há o culto de deuses que representam antepassados e que, ao final, são espíritos. Estes detêm uma força ou poder que regula todas as relações da vida humana e natural. Este conceito é a base religiosa da magia (HELLERN *et al.* 2000).

A história parece mostrar uma alternância entre os paradigmas, mais precisamente entre o monoteísta e o politeísta. O que ocorreu no antigo Egito é um bom exemplo.

Surgiram dois reinos ao longo do rio Nilo: o Alto Egito, próximo à sua nascente no Sul, cercado de desertos; e o Baixo Egito, próximo ao delta, cercado de atividades comerciais. Em 3100 a.C., o Alto Egito conquista o delta e tem início a unificação do Egito, sendo Menés o primeiro faraó – um deus em si mesmo. Para que esta unificação desse certo, foi necessário juntar todas as divindades adoradas ao longo do Nilo em uma figura composta.

Nesse processo, Heliópolis tornou-se uma cidade muito poderosa e o seu deus, Rá, adquiriu tamanha importância na quinta dinastia (2454 a.C.–2311 a.C.) que o próprio faraó se submetia à vontade dos sacerdotes do local. Os faraós seguintes mudaram a capital para Tebas, cidade protegida pelo deus Amom, criando um deus composto, Amom-Rá (BOWKER 2004).

Amenhotep III (1391 a.C.–1353 a.C.) construiu um grande templo para Amom-Rá em Luxor e um santuário em Tebas para o novo deus Áton, o disco solar. Amenhotep IV (1353 a.C.–1337 a.C.) mudou seu nome para Akenaton e decidiu fazer de Áton o único deus do qual todos os outros deuses derivavam, inclusive Amom-Rá. Interessado em implantar o monoteísmo, constrói um complexo de templos em Karnak. Este monoteísmo durou até sua morte, quando foram restaurados os cultos aos outros deuses – Hórus, Anúbis, Ísis e Osíris (BOWKER 2004).

Este relato da história do antigo Egito parece indicar a função que o monoteísmo exerce no contexto politeísta. Quando há necessidade de centralizar o poder, buscando unidade e coesão de elementos em um ambiente plural e esfacelado, o movimento monoteísta tem a função de agregar em torno de si todos estes elementos. Segundo a narrativa acima, os motivadores para a adoração de Áton foram estritamente políticos, com o intuito de afirmar o poder central do faraó; no entanto, esta é a visão dos historiadores. É bem possível que motivadores psicossociais e arquetípicos tenham atuado de maneira concomitante para o processo descrito.

Outro sistema monoteísta nos interessa mais: a formação do monoteísmo judaico, que foi a base religiosa para o surgimento do cristianismo, que, mais tarde, se desdobraria em diferentes cultos e hibridismos com outras religiões.

2. CENÁRIO MÍTICO ANTERIOR AO MONOTEÍSMO JUDAICO-CRISTÃO

Na obra *A origem da ideia de Deus* (1912), o pesquisador Wilhelm Schmidt postula a tese de que haveria um monoteísmo primitivo antes do surgimento do politeísmo. Esta ideia se deveu à descoberta de que muitas tribos primitivas creem em um "Deus do Céu", estranhamente ausente e destituído de representação ou culto. Para Rudolph Otto (*apud* ARMSTRONG 1994), o *numinoso* precede qualquer desejo de explicação do universo ou conduta ética. Quando as pessoas criaram os mitos e adoraram os deuses, não estavam em busca de uma explicação da vida e da natureza que fosse literal; estes mitos e deuses foram uma tentativa de expressar a perplexidade frente aos fenômenos e buscar um sentido para os mistérios em sua própria vida pessoal:

> No período paleolítico, por exemplo, quando a agricultura estava se desenvolvendo, o culto da Deusa Mãe expressava a percepção de que a fertilidade que transformava a vida humana era de fato sagrada
>
> (ARMSTRONG 1994, p. 17).

Neste período, a Deusa Mãe era uma figura mais poderosa que o Deus do Céu, ainda vago e indefinível. Este representava uma origem remota e distante, incerta e impessoal, ao passo que aquela representava a concretização da fertilidade e da manutenção da vida, o grande arquétipo materno, primeira relação do recém-chegado com o mundo. Muitas são suas representações nas imagens primordiais de diversas culturas: Inana na Suméria, Ishtar na Babilônia, Anat em Canaã, Ísis no Egito, Afrodite na Grécia; Maria entre os cristãos; Oxum, Yemanjá e Nanã entre os nagôs.

Para que um indivíduo se torne realmente humano, deveria participar da natureza dos deuses, pois este mundo sagrado, este outro mundo, deveria ser o modelo da vida humana. Conceito retomado por Platão, em sua concepção do mundo das ideias, origem de tudo o que existe no mundo dos sentidos; e pela Psicologia Analítica, na medida em que os arquétipos são como modelos a serem vividos e integrados.

A história do deus único judaico-cristão tem origem na Mesopotâmia, região entre os rios Tigre e Eufrates, por volta de 4000 a.C.. Os sumérios, povo daquela região, desenvolveram a escrita cuneiforme, e construíram os zigurates (torres-templos), uma legislação, literatura e mitologia próprias. Esta região foi invadida por acádios semitas e, em 2000 a.C., os amoritas conquistaram os acádios sumérios, fundando a Babilônia. Em 1500 a.C., os assírios conquistaram a Babilônia e esta tradição muito influenciou Canaã (ARMSTRONG 1994).

Entendia-se que Babilônia era uma imagem do reino divino, comungando com os deuses sua ordem e sua existência. A festa do Ano Novo, que ocorria no mês de Nisan (abril), representava a reafirmação desta cidade com a Cidade Celeste. Nos 11 dias santos de festa comemorava-se o triunfo dos deuses sobre o caos primordial e as forças regressivas de destruição da civilização.

Entendia-se que a civilização e a cultura eram uma frágil conquista e poderiam se tornar presas fáceis da desordem e da desintegração, constatação muito semelhante à de Jung em função de um sonho:

> Nesta época tive um sonho inesquecível... De noite, em um lugar desconhecido, eu avançava com dificuldade contra uma forte tempestade... Ia segurando e protegendo com as duas mãos uma pequena luz que ameaçava extinguir-se a qualquer momento. Sentia que era preciso mantê-la a qualquer custo, pois tudo dependia disto... No mesmo instante decidi... salvar a pequena luz, através da noite e da tempestade... Ao acordar compreendi... que esta pequena chama era minha consciência, a única luz que possuía
>
> (JUNG 1975, p. 86).

No quarto dia da celebração, os sacerdotes entravam em um local chamado Santo dos Santos para recitar o *Enuma Elish*, o poema épico que comemorava a vitória dos deuses sobre o caos. Era uma narrativa simbólica e mítica. Podemos observar que a ideia de ordem não está necessariamente vinculada ao conceito monoteísta, pois, para os assírios, foram os deuses (um sistema politeísta) que retiraram o mundo do caos primordial.

O *Enuma Elish* narra que os deuses surgiram aos pares de uma massa informe e aguada, uma substância que era ela mesma divina. Podemos fazer referência à semelhança desta massa com as terras férteis e pantanosas da Mesopotâmia e ao deus indefinível que não possuía representação específica. A concepção da criação cósmica a partir do Nada é ausente no mundo antigo: sempre se parte de algo, mesmo que não claramente definido (ARMSTRONG 1994).

Do pântano primordial surgem Apsu, as águas doces abaixo da terra; Tiamat, o mar salgado, esposa de Apsu; e Mummu, o ventre do caos. Curiosamente, os termos Apsu e Tiamat podem ser traduzidos como vazio, poço sem fundo e abismo. Ou seja, as águas doces e salgadas aqui descritas não eram, de modo algum, a água de rios e a do mar como as conhecemos, mas as bases que formaram o vazio total, prenhe de criação e significado. Esta narrativa é anterior ao mundo físico e é interessante notar que, antes de existir o grande abismo vazio, havia a massa divina. Mais tarde, os gnósticos explicarão a mesma coisa pelas sucessivas emanações do Incognoscível.

Desses três primeiros deuses outros surgiram, adquirindo maior definição, ou diferenciação, a cada nova geração. Lahmu e Lahamm representavam o aluvião ou a terra misturada com a água, a materialidade. Ansher e Kishar, os horizontes de céu e mar; e, finalmente, Anu e Ea representavam o céu e a terra (ARMSTRONG 1994).

Após estes princípios, os deuses novos se rebelaram contra os deuses velhos, seus pais. Ea dominou Apsu e Mummu, mas não conseguiu submeter Tiamat, que produziu uma raça de seres monstruosos e deformados para defendê-la. No entanto, Ea tinha um filho, Marduk – o sol, o mais perfeito. Marduk prometeu combater Tiamat desde que lhe fosse concedido governar sobre todos os demais deuses. Depois de uma luta terrível, Marduk, o sol, se colocou em pé sobre o vasto cadáver de Tiamat – as águas salgadas – e decidiu criar um novo mundo. Dividiu o corpo de Tiamat em dois para formar o arco do céu e o mundo humano. Feito isso, criou as leis que mantêm tudo em seu lugar, a ordem racional. Para manter esta ordem ao longo do tempo, a cada ano humanos e deuses deveriam realizar um ritual no centro do mundo, isto é, na cidade de Babilônia.

Vemos aqui o mito do herói, o deus-herói que vence a perdição no caos primordial, um monstro terrível que ameaça devorá-lo. A dimensão psicológica deste mito remete à constelação do herói, na medida em que deve enfrentar estágios de dependência infantil em direção ao desenvolvimento da maturidade mais estruturada do ego. Há uma clara noção de busca de uma nova ordem, mais coerente e satisfatória. Neste processo, Marduk é recompensado como líder dos deuses, instaurando-se uma monolatria, na medida em que Marduk é um deus civilizatório. Novamente apontamos o fato de que a busca da ordem não é uma atividade exclusiva do monoteísmo.

Quando determinou as leis que governariam céu e terra, Marduk matou Kingu, filho-demônio de Tiamat, e com seu sangue misturado à terra criou o ser humano, usando, pois, sangue divino e pó. Desta forma, os deuses não eram separados das pessoas, pois comungavam da mesma essência e, portanto, não precisavam revelar-se.

Estes mitos podem ser observados em Canaã, onde Baal-Habbab, deus da tempestade, dos raios e da fertilidade, luta com Yam-Nahar, deus dos mares e rios.

Baal-Habbab e Yam-Nahar viviam com o sumo deus cananeu El. Em uma reunião dos deuses, Yam exige para si a soberania entre os deuses e Baal luta contra Yam com armas mágicas e o vence, mas é impedido de o matar por interferência de Asherah, esposa de El e mãe dos deuses (ARMSTRONG 1994; LURKER, 1993). Outra versão conta que Baal matou Lotan (ou Leviatã), o dragão de sete cabeças que ameaça o mundo, e os deuses de desagregação e do retorno ao caos.

Como Baal é um deus heroico e civilizatório como Marduk, ele morre e desce ao mundo da esterilidade e da morte, o mundo de Mot. O sumo deus El nada pode fazer em seu auxílio, então Anat, amante e irmã de Baal, deixa o reino divino e vai em busca dele, "desejando-o como uma vaca o seu bezerro, ou uma ovelha o seu cordeiro" (ARMSTRONG 1994, p. 22). É interessante notar as três dimensões do feminino neste mito: Anat é irmã e amante simultaneamente, mas o procura com preocupação e amor maternal. A sequência do mito tira-nos do dinamismo do sumo deus e nos direciona para o casal divino, algo como a colocação de Hillman (s/d) sobre a esfera do si-mesmo e a esfera do *animus/anima*, que discutiremos mais adiante.

Quando Anat encontra Mot, abre-o com sua espada e retira Baal do poder da morte. Tritura-o como ao milho e semeia-o, dando vida nova ao solo.

Nesses mitos, podemos observar um movimento politeísta, quando, por exemplo, El nada pode fazer para salvar Baal, ficando nas mãos de Anat a tarefa de descer ao reino dos mortos ou ao interior do monstro. Por outro lado, podemos pensar em um movimento monoteísta quando Baal é sagrado príncipe e senhor da terra após sua morte e ressurreição (LURKER 1993). Esta narrativa épica sem dúvida evoca outros mitos, como a morte de Osíris e a busca de Ísis, bem como a morte de Cristo, tornando-se o pão da vida.

3. ORIGENS DO MONOTEÍSMO JUDAICO-CRISTÃO

Os pesquisadores da religião indicam que houve dois autores distintos dos livros iniciais do Pentateuco. Um destes autores chama seu deus de Javé e afirma que as pessoas o adoravam desde os tempos de Adão. O outro chama seu deus de Elohim e diz que os hebreus somente conheceram Javé através de Moisés. Eles se revezam na narração da criação, escritas uma parte no século VII a.C. e outra no século VI a.C.

Conta a história que Abraão deixou a terra de Ur e se estabeleceu em Canaã entre os séculos XX e XIX a.C. Ele era provavelmente um líder tribal que levou seu povo da Mesopotâmia para o Mediterrâneo. Este povo não era nômade como os beduínos, que geralmente tinham atritos com as autoridades locais e se adaptavam a todo tipo de atividade, trabalhando como mercadores, criados ou mercenários (ARMSTRONG 1994).

Abraão foi chamado por Javé para sair de Hebrom e ir para Canaã, com a promessa de que seria o pai de nação numerosa como as estrelas do céu, composta por um povo especial, separado e escolhido divinamente (Gênesis 12). Abraão chamava seu deus de El Shaddai e não de Javé.

> Supomos que os três patriarcas de Israel – Abrahão, Isaac e Jacó – eram monoteístas, que acreditavam em um só deus... provavelmente é mais exato chamar estes primeiros hebreus de pagãos que partilhavam muitas crenças religiosas de seus vizinhos em Canaã
>
> (ARMSTRONG 1994, p. 26).

É possível que o deus de Abraão fosse El, o sumo deus de Canaã, e El Shaddai (o El da montanha), um de seus títulos. Em outras partes do texto bíblico, este deus de Abraão é chamado de El Elyon, o Deus Altíssimo; El de Bethel; ou recebe nomes próprios, como Isra-El ou Isma-El.

Para Moisés, a experiência com Javé era aterrorizante; para Abraão, El Shaddai era brando e suave, quase humano. No capítulo 18 de Gênesis, Abraão recebeu El Shaddai com outros dois companheiros em sua tenda e comeram juntos. No mundo antigo, era comum a convivência dos deuses com as pessoas. Para o pensamento religioso posterior, isto seria um completo absurdo.

Na passagem em que se narra o sonho de Jacó, ele viu uma escada que alcançava os céus (Gênesis 28), com El no topo da escada, abençoando-o, à semelhança do que ocorria no antigo zigurate babilônico. Neste encontro, El promete proteger Jacó onde ele for. Geralmente, cada divindade era circunscrita a uma região, mas nesta epifania El se coloca como uma divindade pessoal de Jacó, o que o leva a se expandir para além do local específico. Após o sonho, Jacó colocou uma pedra em pé, o mesmo costume cananeu para consagrar um lugar para o culto da fertilidade, e chamou o local de Beth-El ou Casa de El. Antes de deixar este lugar de epifania, Jacó decidiu tornar o deus ali revelado em seu *Elohim*, um termo que implica na adoção de um deus pessoal. Quando se fazia uma barganha com um deus, em troca de proteção especial, aquele deus se tornava pessoal – algo como a ideia de um anjo da guarda (ARMSTRONG 1994).

Para Abraão e Jacó, a divindade era um elemento pragmático, que deveria satisfazer as necessidades comuns. O que menos interessava naqueles tempos era a elaboração filosófica ou teológica sobre um deus. O bom deus era o que ajudava praticamente a existência, resolvendo problemas básicos da sobrevivência, como alimentação, fertilidade e segurança; esse era o foco principal, que viria a compor a base da "pirâmide de necessidades" do psicólogo estadunidense Abraham Maslow (FADIMAN & FRAGER 1979).

Outra passagem que remonta ao clima relacional das pessoas com a divindade, naquela época, é a luta de Jacó com um anjo, descrita em Gênesis 32. A divindade se relaciona diretamente com as pessoas a ponto de materializar-se e lutar fisicamente com um indivíduo. Curiosamente, esse anjo recusa-se a declinar seu nome, mas a bênção concedida é a mudança de nome de Jacó para Israel. Naqueles tempos o nome possuía um poder mágico de determinação da vida de alguém, como uma marca que determina um produto, um destino ou uma sina. Mesmo sem saber o nome desse ser divino, Jacó chamou o local da luta de *Peni-El* (Face de Deus).

Até aqui, nesta retrospectiva histórica, podemos perceber que Abraão, Isaac e Jacó (agora Israel) relacionavam-se com o divino de forma monolatrista e não monoteísta; pois, reconhecendo os demais deuses cultuados em Canaã, elegem El Shaddai, o deus da montanha, como um deus familiar e, posteriormente, tribal – até então, um deus bem diferente do Javé de Moisés. Embora, na tradução portuguesa, El Shaddai e Javé sejam chamados de Senhor ou Senhor Deus, o deus que exige de Abraão o sacrifício de Isaac é denominado Javé – o deus de Moisés.

Javé é belicoso, faz um teste sádico com Abraão, lança pragas sobre o Egito e mata os primogênitos, destrói os exércitos do faraó. Mostra-se brutal e parcial e passa a ser conhecido como *Javé Sabaoth*, o Senhor dos Exércitos. Não é mais um deus familiar, um *Elohim*, mas um deus tribal. "Se Javé continuasse sendo este deus selvagem, quanto mais cedo desaparecesse, melhor seria para todo mundo" (ARMSTRONG 1994, p. 31).

Alguns estudiosos apontam que Javé era uma divindade guerreira, o deus dos vulcões adorado em Midiã, local para o qual Moisés foi após partir do Egito. Nesse lugar conheceu sua esposa Zípora, filha de um sacerdote de Mídia – sacerdote de qual divindade? Será Javé? – e passou muito tempo na família de seu sogro, Jetro, antes de ter a revelação de Javé no alto da montanha fumegante (Êxodo 2).

A partir do êxodo, o deus de Moisés passou a ser o deus de Israel, confundido com El Shaddai, o deus de Abraão, Isaac e Jacó. O fenômeno dos hibridismos e da identificação entre deuses é bem antigo e, provavelmente é uma função da psique que mantém a possibilidade de expressão e projeção de seus conteúdos, mesmo que as condições externas ou culturais se alterem.

Javé faz uma aliança, um pacto com o povo judeu saído do Egito: "Não terás outros deuses diante de mim!" (Êxodo 20). Se a ideia de um único deus fosse geralmente aceita, porque fazer um pacto que exigia adoração estrita? Ao que parece, esta é a exigência de adoração de um único deus em meio a outros deuses. Uma afirmação de monolatria e não exatamente de monoteísmo.

Isto fica claro nas narrativas da chegada do povo judeu a Canaã. Quando havia a necessidade de se alinhar em guerra, o povo invocava Javé, um bom deus da guerra. Quando não havia contenda, o povo se voltava para a adoração de Baal, o Senhor de Canaã, Anat e Asheram. Podemos perceber que os líderes do povo hebreu lutavam para impor uma monolatria específica para identificar e separar este povo, ou tribo, dos demais povos que se misturavam naquela região. A imposição de

Javé como única divindade a ser adorada tem a mesma função da ordenança da circuncisão – uma marca tribal, como tatuagens ou mutilações no rosto, próprias de tribos africanas –, a identificação de uma tribo entre tantas outras.

O Templo de Salomão era da mesma arquitetura dos templos cananeus (II Crônicas 3). Havia um cubo central chamado Santo dos Santos. Em um dos lados, uma enorme bacia de bronze representava Yam, o mar primordial, com duas colunas de 12 metros indicando o culto da fertilidade de Asherah. Os ritos que ali eram realizados lembravam os ritos de Ano Novo, o sacrifício expiatório e a entronização de Marduk. Obviamente, todos estes símbolos remetem a elementos da psique inconsciente e seus conteúdos arquetípicos, pois têm um sentido *numinoso* para os participantes, mas não descartam a influência da convivência entre esses povos, enquanto estética dos símbolos.

O monoteísmo que está em construção em meio ao povo hebreu, desde cedo dá sinais de intolerância e violência, como no episódio em que o profeta Elias desafia os profetas de Baal, prova a existência e a supremacia de Javé e manda matar todos os profetas de Baal. Esta narrativa demonstra que Javé é outro deus, completamente diferente de El Shaddai, do deus do exílio no período babilônico e do deus revelado no cristianismo.

Em 742 a.C., o reino de Israel do norte estava imerso em anarquia e era de interesse do rei Uzias que outros deuses fossem adorados juntamente com Javé. Muitos reis passaram pelo trono e a Assíria tentava invadir as terras de Israel do norte, aproveitando-se da desestruturação social e política.

Neste contexto, o profeta Isaías "... talvez temesse que a religião de Israel houvesse perdido sua integridade e sentido interior" (ARMSTRONG 1994, p. 51), o que poderia levar o grupo a se dissolver entre outros povos da região. Isaías teve uma visão de deus como Kaddosh – o completamente Outro, o Santo (Isaías cap. 6). Com esta nova experiência, Javé Sabaoth, o Deus dos Exércitos, deixa sua conotação tribal e passa a ser o senhor de toda a terra. A visão de Isaías mostra Javé como um rei entronizado, com sua corte ao redor, exatamente como Baal, Marduk ou Dagon. A construção do monoteísmo tende a eleger como imagem primordial o rei e sua corte, imagem posteriormente associada por Jung com o si-mesmo.

Como foi dito, Javé perde sua característica tribal neste período da história do povo hebreu e adquire uma conotação universal, tendo todas as nações em suas mãos. Isto faz com que Javé inspire outras nações contra o povo de Israel, tornando-se agente de punição do seu próprio povo eleito. Nesse contexto, Javé se diferencia de outros deuses, na medida em que deixa de ser somente uma divindade atuante na mitologia e na liturgia e passa a ser determinante da história.

A imagem revelada de Javé muda de triunfante por seu povo (como era para Moisés) para magoado e ressentido, como o vê Isaías, exigindo a descoberta do significado interior da religião.

Para o povo, a religião cultual se mantinha no templo, bem como as práticas das antigas religiões. A religião praticada pelo povo não era monoteísta, mas politeísta ou monolatrista. Algumas pessoas pensavam que Javé tinha uma esposa, como os outros deuses, Javé e sua Asherah (ARMSTRONG 1994, p. 57). A discussão que Hillman faz sobre a polarização entre o si-mesmo e o *anima/animus* aparece novamente aqui.

Israel é conquistado, o templo de Jerusalém destruído e o povo levado cativo para a Babilônia. Estas ocorrências levam o profeta Jeremias a atribuir sentimentos humanos a Javé. No exílio, o culto a Javé deixa de ser realizado.

O segundo Isaías finalmente faz a afirmação de que Javé criou o universo, não Baal ou Marduk. Surge nesta época o interesse pela cosmogonia e a afirmação de que existe somente um único deus, Javé.

Curiosamente, Israel volta a seu berço mítico, a Babilônia, e é imerso novamente no contexto dos vários deuses, à semelhança da viagem do herói ao mundo inconsciente das origens. A principal função de Javé é libertar-se das dependências anteriores e afirmar-se como um deus individual. Em semelhança, o povo de Israel deve afirmar sua unidade e integridade como povo para não ser diluído sob a dominação babilônica.

A afirmação de seu deus único corresponde à reação psicossocial contra a assimilação e aniquilamento cultural frente ao conquistador:

> *Javé* absorvera afinal seus rivais na imaginação religiosa de Israel; no exílio, a atração do paganismo perdera a força e nascera a religião do judaísmo. Como sempre, a nova teologia vencera, não porque pudesse ser racionalmente demonstrada, mas porque era eficaz na prevenção ao desespero e inspirava esperança
>
> (ARMSTRONG 1994, pp. 71-72).

Neste período, o texto do Gênesis foi reformulado, adaptando-se aspectos da antiga religião. Javé se afirma como uma divindade separada do mundo e os seres humanos tornam-se o centro e a finalidade da criação. Diferentemente da antiga religião de Canaã, o ser humano passa a ser o foco da atenção divina, reforçando a ideia de povo escolhido especialmente por Javé.

No século IV a.C., com a dominação grega promovida por Alexandre, a influência helênica agregou Javé a outros deuses e ocorreu um certo hibridismo. Um século mais tarde, surge a questão da Sabedoria (*Hokhmah)* como uma das manifestações de Javé, semelhante à Glória (*Kavod).* A Sabedoria caminha pelo mundo exortando à salvação e ao temor a Javé, semelhante a Ishtar, Anat e Ísis, que desceram do mundo divino em missão salvadora (ARMSTRONG 1994).

Podemos observar as bases do que o gnosticismo levaria adiante como Sofia, sua descida na matéria para resgatar a criação através do conhecimento. Além disso, é interessante notar que a concepção do gênero de Javé é masculina e una; com a presença e atuação da Sabedoria/Sofia, incorpora-se uma manifestação feminina na divindade, tornando-a um possível casal. Em termos psicológicos, é o mesmo que pensar em um si-mesmo uno que passa para um dinamismo dual como casal divino, uma sizígia, desidentificados um do outro em direção ao dinamismo de *animus/anima*.

A concepção do divino é muito diferente nas culturas grega e judaica. Para os gregos, a divindade é conhecida pela razão, uma atividade típica da função pensamento. Para os judeus, a divindade é descoberta pela revelação, utilizando-se mais da função intuição. Para os gregos, o deus é pensado; para os judeus, é intuído.

Filo de Alexandria (30 a.C.–45 d.C.), filósofo hebreu, certamente influenciado pelo pensamento grego, fez uma distinção entre *ousia* – a essência de Javé – e *dynameis*, que são os poderes ou energias de Javé, ou seja, suas manifestações. Esta concepção desemboca em uma trindade: *ousia*, a essência enquanto estado em si, distante e não revelado; que se manifesta em Poder Real, a ação em si mesma (ou Verbo); e em Poder

Criativo, a inspiração e a revelação (ARMSTRONG 1994).

As ideias de Filo de Alexandria, que constituíam um judaísmo platonizado, muito se aproximam do conceito de um deus supremo, mas distante e impreciso, que se revela no firmamento; e a manifestação da divindade no mundo dos fenômenos, a partir de suas emanações, diversificando-se na ação e na inspiração – uma clara referência à visita, já citada, que Abraão recebera de seu deus com outros dois companheiros. Os fundamentos para a formulação da trindade cristã estavam lançados.

O novo judaísmo estabelecido tinha como elemento central o Templo de Jerusalém, mas este fora destruído por Vespasiano em 70 a.C.. Por conta deste novo exílio, muitas seitas surgiram na chamada Terra Santa, dentre elas a dos essênios, que afirmavam que o templo fora destruído por ter se tornado corrupto e que pretendiam construir um novo templo espiritual, que não incluía sacrifício de animais, mas sim a busca do perdão aos pecados através de cerimônias batismais, refeições comunais e convivência fraterna.

Outra seita era a dos fariseus, descritos como hipócritas em função das disputas daquela época. Eram judeus espiritualizados que acreditavam que Israel era uma nação de sacerdotes e insistiam em manter em suas casas a mesma pureza devida no templo; buscavam a presença de Javé nos menores detalhes da vida diária, propiciando ao povo comum a relação com a divindade sem a intermediação da casta sacerdotal. Afirmavam a presença divina quando dois ou três estivessem reunidos estudando a Torá, e que o resumo da lei era não fazer aos outros o que não se gostaria que os outros fizessem a nós, textos referendados mais tarde pelo cristianismo.

Muitas comunidades judaicas se formaram e os escritos sagrados foram revisados e comentados por rabinos como

Yohannan, o sábio, e Akiva, o místico. Eles trouxeram Javé de uma posição transcendente e ausente para o convívio íntimo, presente dentro da humanidade e nos detalhes da vida. Afirmavam que, no Monte Sinai, cada israelita experimentava Javé de um modo diferente: "Deus não vem ao homem opressivamente, mas de acordo com a capacidade do homem de recebê-lo" (ARMSTRONG 1994, p. 83). No contexto judaico-cristão, esta terá sido, talvez, uma das primeiras afirmações da experiência com a divindade como fenômeno psicológico e individual.

Nessa época, o termo *Shekinah*, que significa habitar com, tornou-se um dos sinônimos favoritos para Javé, pois, divididos em comunidades distantes, os judeus necessitavam da presença divina em cada comunidade. A presença de Javé torna-se fluídica, como um espírito, não como um ser divino separado, mas a própria presença de Javé na terra. Embora, a existência de muitas comunidades exigisse a presença múltipla da divindade, a unidade desta divindade era sempre reforçada, pois o povo corria o risco de se fragmentar enquanto raiz e cultura. Manter a unidade divina em todas as comunidades manteria a unidade do povo judeu. "A comunidade era o novo templo, abrigando o Deus imanente: assim, quando entravam na sinagoga e, em perfeito uníssono, recitavam o *Shemá* com devoção, com uma só voz, uma mente e um tom" (ARMSTRONG 1994, p. 85).

Na aurora do cristianismo, os judeus eram ardorosos monoteístas e a figura do Messias era a de um ser humano privilegiado, jamais uma figura divina, muito menos um filho de Javé, como os deuses dos outros povos, como El e seu filho Baal-Habbab.

Muitos dos textos dos Evangelhos Canônicos foram influenciados por questões sócio-políticas da época em que foram escritos. Por exemplo, o teor antissemita do Evangelho de Mateus reflete as tensões entre judeus e cristãos nos anos 80 d.C. O conceito da encarnação e da divindade de Jesus foi construído paulatinamente e finalizado no século IV. Nos primeiros anos do cristianismo, Jesus era considerado o filho de Deus, no sentido judaico da expressão, ou seja, conhecido e íntimo de Deus desde o princípio, jamais o parentesco como o entendemos hoje. Os primeiros cristãos eram essencialmente judeus monoteístas.

Curiosamente, nessa mesma época houve um movimento para humanizar a divindade e pessoas foram consideradas divinas em função do amor pessoal dedicado às mesmas, provavelmente em consequência da expressão da função sentimento na religiosidade. Isto ocorreu no budismo e no hinduísmo.

Se, para os gregos, a divindade deve ser conhecida pela razão – função pensamento; para o judaísmo, revelada – função intuição; a nova onda de renovação religiosa do início da era cristã apresentava uma divindade humana que deve ser amada – função sentimento. Podemos perceber muitas semelhanças entre os conceitos de Jesus e dos *bodhisattvas* hindus.

Em suas cartas, o apóstolo Paulo deixa claro que Jesus era em forma de deus. Mas um judeu convicto como ele jamais imaginaria Jesus como uma divindade. O conceito da Trindade – Pai, Filho (Jesus) e Espírito Santo como um só e único deus – foi construído aos poucos pelos patriarcas do cristianismo nascente.

No final do século II, pessoas cultas converteram-se ao cristianismo, ainda muito ligado às sinagogas. Estes novos convertidos adaptaram o deus judeu aos ideais greco-romanos. Clemente de Alexandria (c. 150–215 d.C.) afirmava que Jesus era deus, o *Logos* divino feito homem. No século III, Sabélio sugere que os termos Pai, Filho e Espírito eram *personae*, máscaras do único deus a tratar com o mundo.

Orígenes construiu uma teologia platônica, relendo de modo simbólico os textos semitas. Absorveu ideias gnósticas e afirmou que a alma, originalmente junto ao deus inefável, caíra do mundo divino e ansiava pelo retorno, que seria conseguido pela contemplação (*theoria*) e pelo conhecimento (*gnosis*).

Plotino (205–270 d.C.) estudou em Alexandria e fundou uma escola de filosofia em Antióquia. Ele afirmava que "o impulso para a unidade é fundamental para a maneira como nossa mente funciona e deve refletir também a essência das coisas em geral" (ARMSTRONG 1994, p. 111). Ele aconselhava seus alunos a olhar além do cosmos, das aparências e das limitações do intelecto para contemplar o âmago da realidade, que chamava de Uno. Este Uno está mais para o silêncio do que para a ação, não é uma coisa, mas é distinto de todas as coisas. Este conceito nos leva ao conceito de sagrado em Rudolph Otto (*apud* JUNG 1980b), completamente outro.

O Uno é uma fonte absolutamente simples, da qual emanam todas as coisas. A imagem favorita de Plotino para o Uno era a de um círculo com um ponto no centro, que continha a possibilidade de todos os demais círculos que poderiam derivar dele.

Este Uno irradiava duas realidades imediatas e, portanto, ainda consideradas divinas. A primeira é a Mente (*nous*), que corresponde ao reino das ideias de Platão e na qual o conhecimento é imediato – o que bem pode corresponder às funções de percepção (sensação e intuição). A segunda realidade é a Alma (*psyché*), emanada da Mente e, portanto, imperfeita. Sua atividade corresponde a toda a realidade como a conhecemos e seu conhecimento é alcançado discursivamente, sem coerência e simplicidade – o que bem pode corresponder às funções de julgamento (sentimento e pensamento).

Além disso, na gramática grega a palavra Mente é masculina e Alma é feminina. Novamente é evocado o contexto de união entre gêneros, muito comum nas concepções religiosas anteriores. Deus se expressa em um casal e novamente podemos pensar na emanação do si-mesmo em *animus/anima* em linguagem analítica, talvez não em instâncias separadas, mas em um *continuum* de manifestações psíquicas em que o Uno é origem e continente e o duplo complementar à realização efetiva das potencialidades do Uno no campo dos fenômenos.

Armstrong (1994, p.114) afirma que "o senso de presença, êxtase e temor diante de uma realidade – chamada Nirvana, Uno, Brahma ou Deus – parece ser um estado da mente e uma percepção natural e interminavelmente buscada pelos seres humanos".

Por volta de 320, Ário, um presbítero de Alexandria, levantava a questão de como Jesus poderia ser divino por natureza e igual ao Deus Pai? Esta discussão tornou-se o elemento mais popular de conversas e até cantorias entre o povo, e despertou a atenção do bispo Alexandre e seu auxiliar Atanásio. Tomou tão grandes proporções que o imperador Constantino convocou um sínodo em Niceia.

Nesse tempo, afirmava-se que deus havia criado o universo do nada, tese completamente estranha a Platão, Clemente e Orígenes. Não havia mais a ideia da emanação contínua entre deus e o universo e as pessoas não podiam mais ascender até deus nesta cadeia de emanações. Um grande abismo separava deus das pessoas e os cristãos entendiam que Cristo havia superado este abismo com sua morte e ressurreição. Porém, de que lado do abismo estaria ele? Do lado de deus não seria possível, pois só existe um único deus absoluto; nem do lado da humanidade, o que diminuiria a posição privilegiada de Jesus como Filho de Deus.

Ário muniu-se de várias passagens bíblicas para defender sua posição de que o *Logos* era uma criação de Deus e, sendo Jesus o *Logos* encarnado, este seria inferior a Deus. Jesus teria os dons divinos dados por Deus, não sendo essencialmente Deus. Por outro lado, Atanásio afirmava que somente aquele que havia criado o mundo poderia salvá-lo; portanto, o *Logos* encarnado era da mesma natureza do Deus Pai (BLAINEY 2012).

No concílio de Niceia, Atanásio conseguiu convencer a grande maioria dos presentes, principalmente por causa do apoio do imperador. Redigiram-se, então, os pontos fundamentais e unificadores da fé cristã, documento conhecido como Credo Niceno. Nesse texto, afirma-se a criação *ex nihilo* (do nada) e que o Criador e o Redentor eram o mesmo (ARMSTRONG 1994).

Esse concílio foi fundamental para completar a obra de Constantino. Quando ele assumiu o império romano, este estava se desintegrando, com muitas influências de outros povos e invasores bárbaros. Assim, também, havia muitos cristianismos, praticamente cada igreja tinha uma maneira peculiar de viver o cristianismo e, além disso, circulavam muitos evangelhos, que foram posteriormente considerados apócrifos pela igreja oficial nascente. Constantino percebeu que o cristianismo, até então perseguido com maior ou menor ímpeto no império romano, seria o elo social para a reunificação do império. Empenhou-se em apoiar o cristianismo, tornando-o a religião oficial do império romano e tratou de unificar o pensamento cristão, incentivando uma teologia consistente, o que se completaria com a Declaração de Fé ou Credo Niceno, que serviria de regra para toda a igreja unificada em torno do Imperador e do Bispo de Roma (BLAINEY 2012).

Como em outras épocas já descritas aqui, o monoteísmo tem a função de unificar ideias, povos, culturas e reinos. Parece que, no desenvolvimento da história das religiões, o monoteísmo é o dinamismo psicológico fundamental para a busca de uma identidade interna e a proteção contra a cisão psicossocial.

O Credo Niceno não explicava como o Filho é da mesma natureza do Pai sem ser outro deus. O grande problema era tentar produzir uma integração entre Javé, o único deus do judaísmo, com o Messias Divino do cristianismo, sem lançar mão dos conceitos platônicos e das emanações.

Como estas questões incomodavam bastante, três teólogos da Capadócia que gostavam de especulações filosóficas, mas acreditavam que somente a experiência religiosa poderia oferecer uma chave para a compreensão de Deus, propuseram uma solução aceitável. Eram eles Basílio, bispo de Cesárea; Gregório, bispo de Nissa; e Gregório de Nazianzo. Afirmavam que havia dois tipos de ensinamento cristão: o *Kerygma*, ensinamento público da igreja, baseado nas escrituras; e o *Dogma*, o sentido mais profundo da verdade bíblica, que somente poderia ser apreendido pela experiência religiosa e de forma simbólica apenas "por cada indivíduo em seu próprio tempo" (ARMSTRONG 1994, p. 123).

Parece que a teologia do cristianismo ateve-se muito mais ao *Kerygma*, enquanto a vivência da religiosidade humana e a prática diária da fé cristã ateve-se muito mais ao *Dogma*, a experiência imediata com Deus, sem atentar para possíveis e inevitáveis contradições lógicas. Observa-se muito claramente este fenômeno na religiosidade popular até nossos dias.

Além da divindade ou não de Jesus, outro problema era o Espírito Santo. Seria Ele um sinônimo de deus ou mais alguma coisa? Os capadócios entendiam esta trindade da seguinte forma: do ponto de vista interno, Deus é uno (*ousia*); mas, do ponto de vista externo, Deus tem três expressões (*hypostaasis*). Assim, asseguravam a existência de um único Deus, apesar das três distinções. No entanto, a Trindade somente poderia ser vivida e não pensada, pois não era uma formulação lógica. Tanto Gregório de Nazianzo quanto Basílio advertiam que de nada adiantava tentar compreender racionalmente a Trindade, pois ela ultrapassa a compreensão humana e somente é possível experimentá-la simbolicamente, como os cristãos ortodoxos propunham (EHRMAN 2014).

Após uma conversão dramática, próxima à experiência de Saulo de Tarso, Santo Agostinho tornou-se um dos mais importantes pensadores do Ocidente. Seu conceito de Deus era o de uma presença espiritual na complexidade e profundidade das pessoas, e não o de uma realidade objetiva. Esta era uma visão partilhada com Platão e Plotino, bem como com hindus, budistas e xamãs de religiões não teístas. No entanto, sua divindade era personalíssima, o Deus da tradição judaico-cristã (ARMSTRONG 1994; BLAINEY 2012).

Agostinho acreditava que, como Deus nos tinha feito à sua imagem e semelhança, deveríamos compreender uma trindade em nossa própria mente. A imagem da trindade divina é o modelo do qual fomos formados. Este conceito de espelhamento e modelo retorna na Psicologia Analítica, na medida em que o si-mesmo é o arquétipo central e a base para o surgimento do complexo do ego. Agostinho afirmava que há três propriedades na alma: a memória, a compreensão e a vontade, correspondendo a conhecimento, autoconhecimento e amor, compondo todos os três elementos uma única mente.

É curioso notar a força simbólica exercida pelo ternário, presente em muitas teorias psicológicas modernas: id, ego e superego freudiano; pai, adulto e criança de Berne; pensar, sentir e fazer em Rogers; e real, simbólico e imaginário em Lacan, dentre outros (FADIMAN & FRAGER 1979). Mesmo em

Jung, que se apoia muito mais no quatérnio, podemos observar a dinâmica do ternário no conceito de função transcendente, em que a tensão entre opostos faz emergir do inconsciente um símbolo unificador e transcendente às características do embate dual, levando a consciência a outro estágio de compreensão (JUNG 1991a). Jung discutiu a questão psicológica da trindade em *Psicologia da religião oriental e ocidental* (1980b), volume XI das obras completas.

Nesse período, o mundo ocidental, isto é, a cultura romana, sofria muitas invasões de tribos ditas bárbaras. Ambrósio apoiava uma fé defensiva contra doutrinas heréticas. Nesse estado de coisas, tanto a unidade da igreja cristã quanto sua doutrina em torno de um único deus eram fundamentais para manter o próprio cristianismo ocidental. Observamos novamente a função psicológica e social do monoteísmo para impedir o esfacelamento da cultura ocidental, como ocorreu com outros povos.

Ainda neste contexto, Agostinho formulou o conceito de pecado original, iniciado em Adão e perpetuado para todos pela sexualidade, "quando nossa racionalidade é inteiramente inundada [por] paixão e emoção, quando Deus é esquecido" (ARMSTRONG 1994, p. 131); quando se busca o prazer na criatura e não em Deus, o criador. Todos já nascemos pecadores e dignos da ira de Deus, principalmente as mulheres, Evas perenes, portais do demônio. Deus retornava à sua antiga fúria avassaladora e outro problema se instaurava: se o corpo e a sexualidade eram residência e resultado da concupiscência, como o *Logos*, ou Deus, poderia habitá-lo? Nova onda de propostas heréticas surgiu para tentar resolver o problema racionalmente, como tentaram Dionísio e Máximo, teólogos importantes (BLAINEY 2012).

Anselmo, bispo de Cantuária (1033–1109), estabeleceu uma visão de Deus para o Ocidente. Ele afirmava que o pecado afrontara tanto a Deus que este exigia uma expiação. A justiça divina exigia o sacrifício de alguém que fosse humano e Deus ao mesmo tempo, ou seja, o Filho de Deus. O plano legalista descrevia um deus extremamente severo, pensando, planejando e induzindo o próprio filho ao sacrifício humano.

Deus Pai se esvazia de si mesmo para que o Filho se expresse e, no momento do sacrifício, somente observa, sem nada fazer. O que nos lembra a passagem em que Baal-Habbab é tragado pela morte e seu pai, o sumo deus El, nada pode fazer. Então, cabe a Anat, amante e irmã de Baal, procurá-lo com o ímpeto de uma mãe em busca do filho. Mesmo a sequência de Anat pode ser distantemente rememorada na história de Jesus contada nos Evangelhos: Jesus teria sido recebido por sua mãe assim que desceu da cruz; o Espírito (a irmã) tê-lo-ia levantado dos mortos; e Maria Madalena (a amante) teria sido a primeira a ver Jesus após sua ressurreição. Obviamente, esta associação é uma licença analítica, mas, sem dúvida, aponta para a presença de um politeísmo no cristianismo, tanto quanto no monoteísmo.

Quando do nascimento do cristianismo, a teologia, que por sua própria natureza é racional e lógica, teve que construir um caminho bastante complexo e amplo para considerar um sistema referendado pelo judaísmo monoteísta e por ampliações politeístas. A Trindade se constituiu em um grande problema lógico. Em teologia, temos um só deus, mas na prática são três deuses que interagem entre si, conversam e se manifestam um para o outro, como no batismo de Jesus, suas orações ao Pai e até no abandono vivido na cruz (EHRMAN 2014).

Podemos perceber que forças do inconsciente revelam a divindade, ora una, ora multifacetada, em um movimento que envolve a individualidade e a coletividade, respondendo a uma necessidade específica do momento histórico individual e coletivo.

4. A RELIGIOSIDADE POPULAR CRISTÃ

Embora a igreja Católica Romana esteja no Brasil desde o seu descobrimento, o ensino da religião cristã ocorreu muito mais pela influência dos portugueses que vieram como degredados ou colonos do que pelo ensino teológico estruturado. Entre estes colonos e condenados europeus vindos ao Brasil estavam hereges, bruxas e magos, que traziam uma perspectiva religiosa e simbólica um tanto diferenciada das concepções clericais dos missionários jesuítas (CORDEIRO 2018).

A tradição católica portuguesa apresentava características práticas muito distintas das questões teológicas discutidas acima. De modo paralelo à questão da trindade, a devoção à Virgem Maria se desenvolvia em substituição aos cultos da Deusa Mãe. Juntamente com esta devoção, o culto de santos e mártires, bem como suas relíquias, sobrepunha-se aos sacramentos e ao culto de Jesus e do Espírito Santo, muitas vezes sentidos como distantes da vida geral do povo.

Santos medievais, como São Francisco, Santo Antônio, São Jerônimo e Santa Bárbara, possuíam devoções particulares, assim como as representações da Virgem Maria são muitas vezes associadas a uma imagem específica ou a sua localização. Por exemplo, Nossa Senhora da Penha foi trazida ao Brasil por um espanhol em 1558 e colocada em um penhasco em Vila Velha (ES). Seu nome específico – Penha – deve-se à sua localização, pois a penha é uma grande rocha isolada, em geral em terreno elevado. A devoção a esta representação da Virgem Maria diferenciou-se tanto da devoção a Maria que Nossa Senhora da Penha tornou-se outra entidade, diferente de Nossa Senhora das Candeias, dos Navegantes, da Imaculada Conceição ou da Expectação do Ó (VALLA 2001).

Com as imagens dos santos trazidas pelos colonizadores vieram mitos e crenças que originaram o catolicismo popular no Brasil. Ao longo dos séculos XVI a XX, muitos santuários surgiram para abrigar imagens de santos venerados na Península Ibérica. Muitas vezes, estes santos foram ressignificados no Brasil em função de algum fato relevante, como foi o caso de Santo Antônio. Frei franciscano e grande orador, ele foi glorificado na Bahia como padroeiro da atividade militar, tornando-se major do exército brasileiro. Segundo Verger (1989), em 1595 uma frota francesa comandada por luteranos saqueou a ilha portuguesa de Argoim,[3] furtando uma imagem de Santo Antônio de Lisboa.[4] Em seguida, uma grande tempestade levou a pique vários navios e praticamente dizimou a todos. A imagem que fora maltratada e atirada ao mar chegou à praia em Sergipe e foi recolhida por frades franciscanos (VERGER 1986).

O catolicismo popular, praticado nos diversos santuários, nas devoções e festas populares, apresentava uma gama de santos e representações diferenciadas da Virgem Maria e de Jesus Cristo. Toda esta simbologia devocional envolvia uma prática religiosa muito mais próxima do politeísmo monolatrista, como definido anteriormente, do que do estrito monoteísmo

---

3.Argoim, Argoin ou, ainda, Arguim. Trata-se da ilha e baía de Arguim, ao largo da Mauritânia, na costa ocidental da África, então de dominação portuguesa. Na verdade, os marinheiros franceses eram calvinistas, não luteranos. Dos 11 navios, apenas um chegou à costa de Sergipe, no Brasil. Os sobreviventes foram presos e levados a pé até Salvador, sede do governo geral na época. No caminho, perto de Itapoã, depararam com a mesma imagem de Santo Antônio que haviam furtado. Como a imagem estava em pé na praia, o que foi considerado um milagre, passou a ser cultuada na Bahia como Santo Antônio do Argoim. Disponível em: <http://www.casadatorre.org.br/argoin.htm>.

4.Ou Santo Antônio de Pádua. O santo nasceu em Lisboa provavelmente em 1195, tornou-se frei franciscano em 1220 e, no ano seguinte, foi convidado por São Francisco para viver na cidade italiana de Assis. Dali, viajou muito e acabou se radicando em Pádua, também na Itália, onde morreu em 13 de junho de 1231. Teólogo, místico, asceta, notável orador e grande taumaturgo, ele é santo padroeiro tanto de Lisboa como de Pádua.

teológico. A compreensão popular do sagrado aproximava-se do conceito de um Deus do Céu, distante e indefinido – um deus de princípios, causa e finalidade única – e vários deuses e semideuses, oriundos do Deus do Céu, mais próximos às pessoas, mais pragmáticos no socorro imediato às necessidades, mais palpáveis em suas imagens e mais íntimos na relação com os fiéis. Esta relação com o sagrado era muito distante da concepção do Javé uno e específico do judaísmo, compreendido e vivido por Moisés ou Isaías, e talvez mais próxima da experiência de Abraão com seu deus pessoal El Shaddai.

As pessoas elegiam, e ainda hoje elegem, seus santos particulares de devoção e a relação com eles se torna pessoal, tendo como interface de ação a imagem do santo que poderia ser adorada ou rejeitada, como nos casos de simpatias para Santo Antônio, na condição de santo casamenteiro, ou na devoção a Santo Expedito, para soluções urgentes. O comportamento religioso levava as pessoas a seguir e cuidar de um santo escolhido, negligenciando respeitosamente outros santos. Curiosamente, mesmo sendo representações do mesmo santo: por exemplo, os devotos de Nossa Senhora da Penha negligenciavam o culto a Nossa Senhora dos Navegantes, embora, do ponto de vista da religião, fossem representações da mesma Virgem Maria – na prática, as pessoas sentem como santas diferentes. Desta forma, o que se observa é uma monolatria, ou seja, o reconhecimento de vários deuses, mas a dedicação de culto a um só, de maior identificação pessoal.

Parece muito estranho pensar em deuses no cristianismo católico romano, mas, na prática popular, mesmo sabendo da existência de um deus único, habitante do céu, a relação religiosa é mais direcionada às diferentes representações de Jesus Cristo (Bom Jesus, Senhor dos Passos, do Bonfim...), às múltiplas representações da Virgem Maria (Penha, Candeias, Imaculada

Conceição, de Guadalupe, do Pilar, de Aparecida, de Lourdes ou de Fátima), a um santo ou santa, aos beatos, às almas benditas e aos anjos e arcanjos. Esta expressão do sagrado na experiência popular manifesta-se como se o catolicismo possuísse uma pluralidade de deuses e semideuses, definidos por área específica de atuação ou identificação pessoal (ZACHARIAS 1998, 2019).

Este modo peculiar de cristianismo, uma vivência da pluralidade associada à unidade, sempre esteve presente, desde as primeiras disputas teológicas sobre a Trindade, e é inaceitável para o sistema monoteísta judaico de Javé. Esta maneira de sentir e viver o cristianismo possibilitou o surgimento dos hibridismos com divindades africanas e ameríndias presentes na cultura brasileira.

Nesse contexto, o surgimento das irmandades foi fundamental. Irmandades são grupos leigos que se organizam para a manutenção de um culto ou devoção. Este catolicismo tradicional apresenta três aspectos fundamentais: origem laica e sentido devocional e penitencial:

> A devoção às imagens é central para o catolicismo tradicional. São, na verdade, o lugar onde o invisível se torna acessível e palpável [...] Fundado no dogma da comunhão dos santos, este modelo de catolicismo cria uma cosmologia em que as fronteiras entre a vida e a morte são continuamente ultrapassadas, sem necessariamente [uma] mediação de agentes especializados. As relações entre os santos e os fiéis são pessoais e baseadas no princípio de proteção e lealdade
>
> (VALLA 2001, p. 21).

Esta relação pessoal ocorre de duas formas: como aliança, quando uma criança, ao nascer, é consagrada a um santo, que se torna seu padrinho celestial (curiosamente semelhante ao orixá de cabeça ou guia de cabeça ou mentor dos sistemas espiritualistas; ou de forma contratual, representada por promessas e peregrinações). A relação que se estabelece entre a imagem e o santo torna-o uma e a mesma coisa, fenômeno produzido por projeções de conteúdos psíquicos no objeto externo, semelhante ao que ocorreu nos povos primitivos em relação à pedra bruta e posteriormente polida (JUNG 1980a). O objeto passa a ser a ponte material para o sagrado, como o telefone é o objeto material que permite o contato com alguém que não está presente, portanto imaterial.

Valla (2001) usa o termo *dialética barroca* para descrever a religiosidade popular. A supervalorização da Paixão, na figura do Senhor Bom Jesus, confere aos fiéis uma imagem de identificação pessoal frente às dificuldades de sobrevivência, assim como a fronteira entre vivos e mortos é diluída pelo símbolo da transfiguração. Neste sentido, ser católico não significa aceitar um conjunto de verdades, mas identificar-se com o sofrimento e a Paixão de Cristo.

Da mesma forma, as benzedeiras surgem como agentes de organização do sagrado, mas externos à estrutura formal proposta pela igreja. Embora muitos clérigos as rejeitem, são elas as herdeiras das antigas pitonisas, que teimam em se reinventar no cristianismo tradicional por força da experiência psicológica com o sagrado, maior e mais profunda do que as normas teológicas da igreja oficial. Em sua prática, podemos identificar muito de um cristianismo popular politeísta, práticas ameríndias ou africanas e, ainda, elementos da magia europeia.

Sanchis (*apud* VALLA 2001) afirma que o sincretismo aparece em todas as culturas e religiões, pois, segundo Lévi-Strauss (*apud* VALLA 2001, p. 31) há "uma tendência d[e] as coisas se ordenarem sempre da mesma forma e na mesma direção". O que nos parece uma definição sociológica do conceito psicológico de arquétipo proposto por Jung (1991).

Em função da energia psíquica própria de conteúdos arquetípicos, as religiões que apresentam movimento sincrético mantêm-se vivas e numinosas, pois na experiência popular "o sagrado irrompe no mundo de muitas formas e por muitas mediações, assumindo expressões múltiplas e diversificadas para além das fronteiras das religiões institucionalizadas" (VALLA 2001, p. 32).

5. *IMAGO DEI*, O CONCEITO PSICOLÓGICO DO SI-MESMO

Para responder à questão de quem ou o que é a entidade que tem intencionalidade, é detentora de conhecimento, de diretividade e de nossa consciência, Whitmont (1995, p. 192) traz uma resposta simbólica. Esta entidade é vivenciada por nós como um "sistema de planejamento central que não faz parte do sistema consciente, mas que o inclui e afeta":

> Ele não é estático, geral, não tem validade imutável, nem está sujeito a inércia crescente – ele não se deteriora, como acontece com os sistemas de equilíbrio naturais. Ele é afinado sem cessar, e sem cessar corresponde, reage e inicia espontaneamente novos empreendimentos que surgem *como se* tivessem sido particularmente planejados para um indivíduo específico, embora surjam e funcionem sem considerar as ideias conscientes, os desejos e [as] intenções da pessoa, ou às vezes até contrariando-os (WHITMONT 1995, p. 193).

Jung define o si-mesmo como sendo parcialmente conhecido, pois abrange a totalidade da psique consciente e inconsciente, tornando-se um conceito transcendente, formando um par opositor com o ego na medida em que o ego é o centro da psique consciente e o si-mesmo é o centro da psique total, consciente e inconsciente (JUNG 1991b). Um conceito semelhante ao que foi colocado acima sobre a concepção de Plotino e sua imagem do círculo com um ponto no centro.

A natureza essencial do si-mesmo é incognoscível, conhecido somente através de mitos e lendas, pois aparece em sonhos, apresentando-se como uma personalidade supra ordenada (herói, sábio) ou símbolos de totalidade (círculo, quadrado, cruz), ou ainda, na forma de dualidade una (roda de Tao), representa uma totalidade e unidades de opostos. As experiências com o si-mesmo são carregadas de energia psíquica ou numinosidade, que são próprias das experiências místicas. Neste sentido, não há diferença entre a experiência com uma divindade e a experiência com o si-mesmo (SHARP 1997).

Jung (1980b) afirma que os fatores determinantes emanados do si-mesmo envolvem o ego completamente, é uma realidade supra-ordenada e *a priori*, da qual o ego emerge. O si-mesmo é uma prefiguração inconsciente do ego e constitui a origem deste último. Podemos ver a semelhança desta definição com o mito judaico-cristão da criação do ser humano, à imagem e semelhança de Deus, porém não sendo Deus. Jung afirma que este conceito psicológico e entidade empírica pode ser compreendido como "Deus dentro de nós".

De certa forma, o conceito de si–mesmo é um resumo hipotético de uma totalidade indescritível, como se fosse uma personalidade abrangente, caracterizada pela integridade, o arquétipo de uma autoridade central e unitária que governa todas as instâncias da psique. É comparável ao centro de um campo de energia que tem a intenção de realizar uma vida individual, que *a priori* existe em potencial, mesmo que entre em conflito com os planos criados pelo ego (WHITMONT 1995).

Pieri (2002, p. 466) caracteriza o si–mesmo como "centração psíquica, ou seja, o si–mesmo se torna figura da centração, no sentido particular de um vir a ser da totalidade psíquica, a partir da condição de dispersão [em] que o próprio sujeito se encontra". Neste sentido, quanto mais o ego se descentraliza, mais percebe que ele e os demais conteúdos giram em torno deste ponto central da personalidade. Isto é muito claro nas construções mandálicas produzidas em processos esquizofrênicos, em que a figura emerge como possibilidade de centramento e organização dos conteúdos cindidos.

A mandala pode representar um círculo, uma esfera ou um ovo composto por uma rosa ou um lótus e que, no centro, pode apresentar uma estrela, uma cruz; quatro, oito ou doze raios; uma serpente espiralada, um castelo, uma cidade, um círculo inserido em um quadrado (e vice-versa) etc. Todas estas imagens representam o si–mesmo e se contrapõem à dispersão psíquica. "Desta forma, a figura do mandala é interpretada como uma projeção ou personificação tanto da totalidade indivisa e indiscriminada da personalidade, quanto da totalidade dividida e discriminada" (PIERI 2002, p.306). Estas imagens surgem espontaneamente na psique quando se está em um estado de desorientação ou reorientação psíquica.

Jung aponta para a ideia de uma hierarquia dos elementos psíquicos: "Presidindo a todo o governo psíquico está o si–mesmo, a autoridade suprema e o mais alto valor, pois seus símbolos já não podem ser distinguidos da *Imago Dei*". A tarefa do si–mesmo é manter a psique unificada e em equilíbrio; ele busca uma unidade dinâmica. A exemplo do si–mesmo, o ego exerce a mesma força unificadora e centralizadora da consciência (STEIN 2005, p.144). Esta semelhança de funções em áreas distintas retoma, novamente, o mito da criação da humanidade e a questão da imagem e semelhança de Deus.

Edinger (1995, p. 11) afirma que "no inconsciente existe um centro transpessoal de latente consciência e de obscura intencionalidade". E que, no embate com o si–mesmo, "a pessoa se depara com a Unidade Imortal que fere e cura".

Jung associa a figura de Cristo ao si–mesmo, na medida em que é único como homem histórico e eterno, unindo opostos; também associa o si–mesmo ao conceito de Deus que, sendo circular, tem o centro em toda parte e a circunferência em lugar algum. Como já vimos, a elaboração de Jesus Cristo como divindade inclusa no próprio contexto de um deus uno foi tema de muitos debates no início da era cristã. Assim, o si–mesmo como centro não é um elemento único e sim a concorrência de três elementos mais um, ou seja, o Pai, o Filho, o Espírito Santo e a Virgem Maria. Em uma visão gnóstica, diríamos que estes quatro elementos emanam do Uno, incognoscível, assim como os vários deuses aqui expostos originaram-se do antigo Deus do Céu, que emana outras divindades ou se desdobra hierarquicamente nelas.

Os textos de Jung deixam clara a identificação do si–mesmo com o deus judaico-cristão. Exemplos desta associação estão em trabalhos como *Aion* (1982) ou *Psicologia da religião* (1980b). Provavelmente por ser esta a expressão do sagrado na cultura ocidental, portanto o filtro cultural presente na população com a qual Jung trabalhou e pesquisou.

Apesar destas definições, alguns pós–junguianos, como James Hillman, levantam a questão da estruturação psíquica como politeísta ou monoteísta.

6. A CRÍTICA POLITEÍSTA DE JAMES HILLMAN

Hillman afirma que o estágio *anima/animus*, pela sua característica plural, corresponde ao politeísmo e que o si-mesmo corresponde ao monoteísmo. Ao atribuir uma primazia ao si-mesmo, em detrimento dos demais complexos diferenciados, a Psicologia Analítica estaria concedendo ao monoteísmo o *status* de estágio evolutivo mais elaborado e completo. A fenomenologia do si-mesmo deve ser estudada em termos da *coniunctio*, do quatérnio e dos mandalas. Para Hillman (1971), a grande questão é: o si-mesmo deve ser compreendido como uno ou múltiplo?

Paul Radin (*apud* HILLMAN 1971) contesta a visão ocidental de que o monoteísmo é superior ao politeísmo e ao animismo e afirma que esta é uma questão mais psicológica do que filosófica ou teológica, pois envolveria uma conotação de temperamento. Para ele, algumas pessoas concebem o mundo como um todo unificado, isto é, têm uma psique monoteísta, e outras não.

Se tentarmos compreender esta afirmação de Radin à luz da teoria dos tipos psicológicos de Jung, veremos que a visão monoteísta corresponde mais a Apolo, ao sol como elemento único e dominante no firmamento, ao fogo e à função intuição, pois esta função perceptiva compreende o mundo como uma *Gestalt* completa. Por outro lado, uma psique politeísta corresponde a Dioniso, à fertilidade e à diversidade da terra e à função sensação, função perceptiva que compreende o mundo em suas partes, conferindo a cada elemento um valor e um sentido específico.

Jung (1967) também levanta a possibilidade de que uma compreensão de Deus a partir da atitude introversão é monoteísta; provavelmente em função da atenção concentrada e do foco interno da libido. Em contrapartida, a extroversão configura uma visão politeísta do divino, em função da multiplicidade de estímulos a que a libido está dirigida. Ainda nesta questão, podemos pensar o monoteísmo como o par de funções pensamento e intuição, por compreenderem o mundo a partir de leis gerais, válidas para todas as situações e impessoais; bem como uma visão abrangente e total da realidade, buscando as conexões entre todas as coisas. De forma complementar, teremos o par de funções sentimento e sensação, que compreendem o mundo a partir de valores pessoais, válidos somente para quem percebe, para quem tem uma visão compartimentada da realidade, valorizando as partes e não o todo. Nestas considerações, teremos para o monoteísmo o tipo extremado intuição introvertida com pensamento auxiliar; e, para o politeísmo, o tipo extremado sensação extrovertida com sentimento auxiliar (ZACHARIAS, 2006).

É comum a associação do monoteísmo a uma condição de ordem e organização, enquanto o politeísmo remete à desordem. No entanto, o estudo das religiões mostra que há uma ordem de referência e primazia compartilhada nas tradições politeístas; e mesmo entre monoteísmos clássicos, como o judaísmo, vimos anteriormente que o que realmente havia entre o povo hebreu no início era uma monolatria a Javé.

Schelling (*apud* HILLMAN 1971) faz referência à existência de um monoteísmo anterior ao Antigo Testamento. Certamente isto ocorreu, mas não como Schelling descreve. A divindade centralizadora cósmica, o supremo deus do firmamento, não se comportava de modo algum como El Shaddai ou Javé, pois não participava do cotidiano da vida humana.

Caracterizava-se muito mais como um deus dos primórdios, mantenedor distante da criação e transcendente, mais ao estilo do Incognoscível dos gnósticos ou do Olorum iorubá. Este autor aponta para a existência de um monoteísmo até o evento bíblico da Torre de Babel (Gênesis 11), momento histórico em que surge o politeísmo. Como vimos anteriormente, esta torre era, possivelmente, um zigurate e portanto, já estava imersa nos cultos politeístas da Mesopotâmia.

A história da Torre de Babel narra que até aquele momento todas as pessoas falavam a mesma língua e se compreendiam bem. Como castigo pela ousadia humana de querer chegar a deus, este disse: "Vinde, desçamos e confundamos ali a sua linguagem, para que um não entenda a linguagem do outro" (Gênesis 11:7). Nesta tradução é interessante notar que deus apresenta-se no plural. Seriam vários deuses? Seriam estes os deuses da narrativa do *Enuma Elish* dos antigos assírios? O que os textos judaicos chamam de Uno poderia ser, aos olhos da cultura assíria, um entre outros?

Ao invés de traçarmos uma linha de significados entre Babel e Javé, acreditamos ser mais adequado relacionar o evento da torre com o Pentecoste cristão, pois neste momento reviveu-se o fenômeno das línguas de modo diferenciado e inverso: "E apareceram distribuídas entre eles, línguas, como de fogo [...] e passaram a falar em outras línguas, segundo o Espírito lhes concedia que falassem" (Atos 2:3, 2:4). Esta narrativa não indica que houve uma reunificação das línguas, mas sim a compreensão da mensagem evangélica cada um em seu próprio idioma. Em outras palavras, a experiência de Pentecostes remete à compreensão do sagrado em suas diversas expressões, sendo muito mais uma vivência da pluralidade do que a unificação centralizadora da experiência.

Hillman (1971) pressupõe que o pensamento linear em estágios seja reflexo do monoteísmo judaico-cristão, o que leva a pensar o si–mesmo em termos da linguagem introvertida de Saturno e Javé. Assim teremos uma imagem central e a intolerância com as demais religiões, resultante de superioridade convicta na crença no monoteísmo.

No entanto, podemos imaginar o desenvolvimento como uma dança de roda, como no xirê dos orixás, na tradição do candomblé. Há uma sequência ordenada de louvação, de Exu até Oxalá, passando por todos os orixás, em sentido inverso complementar, de forma que a serpente pode morder a própria cauda neste *circunlambulatio*. Explicando melhor: Exu é o primeiro a ser reverenciado; sendo o orixá mais próximo da vida humana cotidiana é o mais identificado com a materialidade da existência, suas dores, desafios e prazeres; no entanto, esteve presente na criação cósmica juntamente com Olofim/ Olorum. O último orixá a ser reverenciado é Oxalá, o mais próximo ao deus supremo Olorum, mais distante do cotidiano e que, no entanto, tomou do barro para criar os seres humanos e dar-lhes forma e vida (PRANDI 1991). Tanto Exu quanto Oxalá, como cabeça e cauda da serpente urobórica, participam tanto do mais transcendente quanto do mais imanente na experiência do sagrado, iniciando e concluindo. Assim, no círculo ritual, na dança que é a dramatização da mandala, princípio e fim se enlaçam em um bailado cósmico, manifestando o imanifesto Olorum.

Quando se considera o desenvolvimento como uma dança circular urobórica, o si–mesmo pode estar em qualquer lugar no círculo, além de no centro. Se a divindade se torna rígida em sua possibilidade de abarcar o todo, como no caso Javé–Saturno comentado acima, o sagrado se deslocará para a periferia com a intenção de manter a dança cósmica da criação.

Em outras palavras, quando a posição de centro cristaliza e imobiliza a abrangência do si–mesmo, a totalidade migra para a periferia e o si–mesmo torna-se desestruturante da posição centralizadora, subordinando a estrutura à dinâmica. Esta é a dialética entre Exu e Oxalá: movimento/estabilidade, caminhos e encruzilhadas/o alto da colina, vários/uno.

Hillman (1971) faz uma crítica à tendência de se psicologizar deus e teologizar a psique, mas nos parece que é uma questão do olhar a ser lançado. Tanto o mundo espiritual quanto a psique são suficientemente abstratos para serem confundidos. Na verdade, enquanto fenômeno são o mesmo. O que os vai diferenciar é o mapa de realidade utilizado para acessar este campo fenomênico, ou seja, o olhar psicológico ou religioso, conforme já discutimos anteriormente.

Conceituar o sagrado e a psique como uma dança circular, na qual há um dinamismo integrativo entre o centro e a periferia, permite a cada complexo a expressão de sua realidade arquetípica, promovendo ora sua dissolução na diversidade, ora sua coagulação na unidade: "Cada deus tem sua parcela, assim como cada complexo merece respeito em si mesmo" (HILLMAN 1971, p.6).

O autor apresenta uma oposição entre o si–mesmo (unidade) e o *anima–animus* (pluralidade). Esta representação não parece contraditória se pensarmos o si–mesmo como união e opostos e a sizígia enquanto dinamismo. Consideremos uma orquestra. Quando toda ela executa o trecho musical, tudo está centralizado no maestro que, embora atue até os limites da orquestra, está no pódio centralizando a ação, o todo. Por outro lado, se o fluir da música exige o solo de um instrumento, será este instrumentista o regente naquele momento, pois todos os demais instrumentos – inclusive o próprio maestro – deverão submeter-se ao seu andamento e expressão. Nesta analogia, podemos entender o Deus do Céu, o Deus Supremo, como a música acontecendo, o som se articulando em uma rede de referências. Um deus para além do deus monoteísta ou dos deuses politeístas – que, no entanto não é uma estrutura (um deus em si), mas o acontecer, ser e não ser alternadamente, no som e no silêncio. Esta é uma concepção mais gnóstica e tribal do que o sistema judaico-cristão tradicional.

Na prática não nos é possível experienciar a música sem que ela seja realizada através dos diversos instrumentos, da orquestra e com a regência do maestro. Sem o maestro, não há coordenação rítmica dos sons e, sem os instrumentistas, não há som. Portanto, experienciar o sagrado só é possível através da atuação dos deuses e do deus uno; da experiência dos complexos da psique ou do arquétipo central. Tudo depende do trecho musical que o destino impõe a nós em determinado momento da dança. Diz Hillman:

> A psicologia politeísta abre espaço para a apresentação preferencial de qualquer mito específico num estilo de vida. Uma pessoa pode ser protestante, hercúlea, dionisíaca, ou uma criança melancólica de Saturno, segundo o núcleo arquetípico governando seu complexo dominante e portanto, seu destino. E até os mitos podem mudar durante a vida, e a alma servir a muitos deuses (HILLMAN 1971, p. 9).

Esta afirmação nos remete ao conceito de orixá de cabeça, ou Òlo ori, o dono da cabeça. Nenhum mortal pode relacionar-se com Olorum, que não tem filhos e nem culto formal. Por isso, estabelece-se um eixo entre o humano e o transcendente, que é o orixá de cabeça, orixá que representa a *Imago Dei*, cuja relação com a pessoa é tão íntima que concede ao filho de santo as características de personalidade deste orixá – uma tipologia nagô. Certamente, ao longo da vida, este filho de santo deverá reverenciar outros orixás, em função de situações ou períodos da vida; mas o orixá de cabeça será um destino e um eixo a ser vivido pela pessoa.

"O deus único engole todos os outros, Pã foi morto porque o monoteísmo venceu" (HILLMAN 1971, p. 11). O autor aponta um confronto entre a religiosidade helênica e a cristã no embate entre Cristo e Pã. A mitologia narra a paixão de Pã pela ninfa Syrinx, que, fugindo da investida de Pã para que com ele se casasse, chega às margens do rio Ládon, transformando-se em uma touceira de juncos. Pã não desiste e, sabendo que Syrinx era a touceira, corta-a e faz com ela uma flauta de sete tubos, o precursor do órgão de tubos.

Este instrumento foi realmente criado em Alexandria por Ktesibius em 270 a.C. e era chamado *hydraulus*. O órgão foi muito utilizado nas festas greco-romanas para a adoração de Dioniso ou nas saturnais, bem como no *circus maximus*, portanto um instrumento pagão associado a Pã e Dioniso.

No entanto, a partir do século XI, o órgão foi canonizado pelo cristianismo como instrumento litúrgico por excelência. Na maioria das igrejas e catedrais há um órgão instalado em oposição ou ao lado do altar mor. A tradição da igreja cristã abarcou a figura de Pã e ainda deu-lhe o privilégio de ser o portador da *vox dei*. Da mesma maneira como o cristianismo absorveu símbolos e datas religiosas da cultura greco-romana, como a festa do Natal de Jesus (ou do *solis invictus*), acolheu também a arte em um hibridismo religioso impensável para o judaísmo tradicional. Podemos ver a presença do dinamismo mono/poli na manifestação religiosa ao longo do tempo (ZACHARIAS 2002).

Para Hillman (1971), o cristianismo aniquilou a filosofia grega contida no helenismo. No entanto, parece que o que ocorreu foi uma transposição sincrética, um hibridismo e uma ressignificação dos conteúdos simbólicos, pois Vênus, Ísis e Demeter sobreviveram no culto popular da Virgem Maria, em suas diversas manifestações e iconografias; a ninfa Syrinx se reapresentou na figura de Santa Cecília, assim como, no Brasil, a de Yansã se identifica com Santa Bárbara.

Na ressignificação de Syrinx e Santa Bárbara há que se comentar um aspecto muito interessante. Na cultura greco-romana, a sexualidade e a fertilidade eram tidas como elemento divino, os deuses tinham relacionamentos sexuais e seus filhos, entre si e com os mortais. O politeísmo possibilita a construção de famílias divinas, pela presença de outros deuses; o monoteísmo não. Como no cristianismo a questão da sexualidade é vista como algo negativo em si, não se observa esta dimensão nos santos e santas. Nesse sentido, podemos ver a representação de Pã carregando Syrinx nas mãos, beijando-a enquanto toca sua flauta. Já na iconografia cristã ressignificada é Cecília que tem um pequeno órgão ao seu lado. Em Pã, temos o ardente sátiro com sua amada, o valor da sexualidade e do desejo; em Cecília, que permaneceu virgem, embora tenha se casado, temos a pureza da mártir subjugando a sensualidade a seus pés (ZACHARIAS 2002).

Se a teologia se construiu na direção de formalizar um conjunto de crenças e valores, principalmente para se manter coesa frente a tantas influências no início da era cristã, a religiosidade popular, na prática politeísta, sempre se remeteu à experiência direta dos mitos e símbolos religiosos. O cristianismo não aniquilou o helenismo; na prática, somente o reeditou. Em detrimento da mitologia antiga, talvez o protestantismo tenha feito mais estragos do que o cristianismo medieval ou o Concílio de Niceia. Hillman traz a contribuição de Alfondi, que afirma:

> Constantino tornou-se cristão porque a nova religião monoteísta oferecia, então, redenção para áreas perdidas de sua psique [...] os cultos pagãos eram nada mais do que uma miscelânea confusa [...] não tinham organização e tendiam a separar-se em seus próprios átomos (ALFONDI *apud* HILLMAN 1971, p. 15).

Na época de Constantino, a religiosidade politeísta romana estava fragmentada, havia perdido o sentido mais profundo de ligação com o mundo espiritual e seu conjunto de crenças, que fundamentava as relações sociais, estava falida, fragmentando o Estado romano. A psique cultural necessitava do monoteísmo como eixo, mantendo um politeísmo subliminar. Na atualidade, inversamente, o questionamento da centralização e a padronização dos modos de ser e ver o mundo tendem a valorizar a diversidade em um mundo globalizado e apontar para a necessidade de se considerar o politeísmo cultural e a monolatria individual como caminhos para a expressão da realidade psicológica e religiosa.

Assim como já foi discutido anteriormente, a presença da divindade como una ou diversa está relacionada ao momento histórico do movimento da psique cultural e do complexo cultural. Na revisão histórica anterior, vimos que, no antigo Egito e em toda a trajetória do povo semita, havia momentos em que a necessidade de centralizar era fundamental para manter a integridade do grupo e, em outros momentos, a centralização enrijecia a tal ponto que se tornava perniciosa ao desenvolvimento da dinâmica cultural. Diz Hillman:

> O perigo é que uma retomada verdadeira do paganismo como religião torna-se, assim, possível, com toda a sua pompa de adivinhações populares, sacerdócios sagazes, divinações astrológicas, práticas extravagantes, e a erosão das diferenciações psíquicas através de entusiasmos ilusórios. Essas papoulas opiáceas florescem por todos os lados. O Si–Mesmo não fornece proteção já que suas descrições monoteístas, em sua maioria através de imagens do *senex*, e a interpretação protestante, deixam muita coisa fora – ou encobrem muita coisa através da coberta confortável, a 'totalidade'
>
> (HILLMAN 1971, p. 15).

Esta afirmação de Hillman pode ser válida para a realidade da sociedade branca estadunidense ou europeia, mas não se aplica à América Latina, onde há forte presença das culturas dos povos nativos e africana. No Brasil, há certo paganismo na realidade religiosa das umbandas e candomblés, bem como na religião da Jurema, do Santo Daime e de outras variantes da religiosidade popular. Mesmo no catolicismo popular, as devoções, irmandades e procissões representam um politeísmo monolatrista inserido em um contexto teológico monoteísta. Também as adivinhações e sacerdócios sagazes, aos quais o autor se refere, se impõem no catolicismo carismático e até no protestantismo, com o surgimento dos movimentos pentecostais e neopentecostais e sua característica multiplicação de igrejas e denominações, que se excluem mutuamente. Esses cultos, êxtases, profecias, catarses promovidas pela ação do Espírito Santo aproximam a prática ritual aos cultos espiritualistas, kardecistas e de matriz africana, semelhantes ao estado de transe ou estado alterado de consciência.

> Mas quando o Si–Mesmo pode ser re-imaginado com precisão, como uma relação de valor com uma variedade de perspectivas arquetípicas ambíguas e menos seguramente pelo *senex*, a consciência pode encontrar receptáculos para sua formação de símbolos individuais. Para opor-se ao renascimento do paganismo como religião precisamos de modelos psicológicos adequados
>
> (HILLMAN 1971, p. 15).

Nas religiões de sincretismos afro-ameríndios, bem como na religiosidade popular do cristianismo, podemos encontrar o si–mesmo com variedade e perspectivas arquetípicas, como sugere Hillman. O politeísmo vivido nestas manifestações religiosas, talvez seja melhor expresso na monolatria, em que a devoção a um santo ou entidade se sobrepõe a outros que são reconhecidos. O autor parece preocupado com o renascimento de um paganismo como religião, mas as múltiplas divindades nunca nos abandonaram e o que Hillman chama de "paganismo" nunca morreu, principalmente no Brasil.

7. CONSIDERAÇÕES FINAIS

A cultura brasileira transita entre o mono e o politeísmo na prática religiosa do povo, não levando em conta as teologias eruditas. É comum qualquer devoto católico tradicional dizer que tem devoção por um santo ou por uma das iconografias da Virgem Maria, e não por outros. Apega-se em devoção àquele santo na maioria das necessidades e, apesar disso, afirma existir somente um deus, com uma conotação de distanciamento. Este mesmo devoto pode fazer uma novena para outro santo mais especializado na necessidade do momento, mas retornará à sua devoção principal assim que o problema for resolvido. Parece que a expressão religiosa espontânea da psique reconhece um si–mesmo, fonte e totalidade representadas pelo firmamento, que é expresso por uma infinidade de manifestações ou emanações, que o corporificam para a experiência pessoal.

Hillman discute a ideia de estágios da *anima* e do *animus*, sendo o mais elaborado aquele mais distante do físico e mais próximo do espírito. Nos cultos de matriz africana é tão necessária a presença de mestres, caboclos, caboclas e crianças, quanto das pombas-gira; no xirê (festa) dos orixás, estão presentes Exu e Oxalá.

Talvez uma compreensão melhor desta questão seja colocada da seguinte maneira: se a primeira manifestação de *anima/animus* for mais ctônica, o ego deverá desenvolver sua relação com os aspectos mais espirituais – como Jung coloca; por outro lado, e talvez mais raro, se a primeira manifestação for mais espiritualizada, haverá a necessidade do ego desenvolver sua relação com os aspectos materiais, pois, pensando na serpente que morde a própria cauda, o espírito morre na matéria e a matéria renasce no espírito.

Hillman ainda afirma que "uno não é algo separado e oposto ao múltiplo, mas aparece como a unidade de cada coisa [...] o politeísmo é um estilo de consciência em si mesmo" (HILLMAN 1971, p. 20). Parece que o si-mesmo, enquanto possibilidade transcendente e incognoscível, existe para além de todas as manifestações e permeia intimamente todas as existências e não existências. As experiências de uns com o Uno e as experiências de outros com o Múltiplo são reais manifestações desta possibilidade transcendente, que se move no campo ínfimo da relação entre os opostos. O que nos lembra do efeito da luz em Física, que ora se comporta como onda, ora como partícula. A mesma luz tem dois comportamentos distintos.

Podemos entender estas manifestações como a respiração divina, aliás bem descrita pelo hinduísmo. Quando a divindade expira, emana de si todas as possibilidades, todos os mundos e todos os deuses; quando inspira, recolhe para si todas as possibilidades, todos os mundos e todos os deuses. Sua manifestação não é única, mas adequada ao dinamismo da dança, das trocas e movimentos que constroem a vida e a morte e para além deste par de opostos.

Como vimos na história dos povos, se, por um lado, a necessidade de centralização de uma cultura ou de uma civilização – para evitar a desagregação, a perda de identidade ou de sentido – exigiu a manifestação de um deus único e centralizador; por outro, quando o poder central se torna muito rígido e opressor da liberdade e do movimento da psique coletiva ou social, surgem fluxos no sentido da pluralidade e da manifestação em deuses múltiplos. Assim, o si-mesmo respira, inspirando e expirando, trazendo tudo para si e tornando-se único e emanando de si todas as coisas, tornando-se diverso.

A experiência das construções de mandalas demonstra a necessidade de ordenação e centramento da psique, principalmente evidenciado em pacientes psicóticos. Nesta circunstância, o si–mesmo apresenta-se como uno, o centro ordenador da psique, como demonstrado nas pinturas de pacientes de Jung e Nise da Silveira. Já em estados neuróticos, em que o ego insiste em se firmar em uma unilateralidade defensiva, o si–mesmo se apresenta como um elemento subversivo, que questiona o poder central do ego defendido e impõe a pluralidade. Subpersonalidades se apresentam em diálogo subversivo à rigidez egoica.

Nessa perspectiva, é possível entender que o si–mesmo não deve ser associado ao uno centralizador e tampouco a um conjunto multifacetado sem centro ordenador, mas talvez o foco devesse ser colocado na dinâmica mono/poli enquanto função necessária para a homeostase e a individuação.

O si–mesmo engloba estes contrários e está além de seus limites, pode ser uma ou outra coisa; refere-se ao dinamismo da dança cósmica que, para o ego, é representada por movimento e parada, som e silêncio. Impossível de compreender e explicar, pois o ego existe a partir do número dois, do conhecimento do bem e do mal (pois comeu do fruto da árvore deste conhecimento da dualidade ao sair do Éden e adquirir consciência auto-reflexiva), das categorias e realidades do eu–outro. Não compreendemos o momento anterior à manifestação, o momento zero, a natureza estranha do Urobóros, ou do segundo anterior ao *Big Bang*. Tudo está muito além de nossa compreensão. Apesar disso, a dinâmica entre o centro unificador e a pluralidade como essência sempre permanecerá.

O centro já foi a fogueira em torno da qual se reunia a tribo, depois o templo no centro da cidade, o castelo e a catedral, a própria Terra e depois o sol como centro do sistema planetário, e ainda o centro da galáxia. Hoje, ainda não temos a referência de um centro do universo, que é composto por vários centros – as galáxias. Sempre que um centro se organiza, em seguida tende a se dissolver e se apresentar em um nível mais complexo, ainda como centro. Esta é a dança fenomenológica do si-mesmo.

Se pudermos entender o si-mesmo como *Imago Dei* na psique coletiva, talvez esta realidade esteja muito mais próxima daquilo que os antigos chamaram de Deus do Céu ou Deus do Firmamento, o Incognoscível, Olorum, sem muita definição. Os outros deuses, sejam eles unos e excludentes entre si, como Javé ou o Demiurgo; sejam eles unos, tripartidos como Pai, Filho e Espírito Santo; ou múltiplos, como Thor, Odin, Xangô, Exu, Tupã, Zeus ou Afrodite; todos esses outros deuses são as várias máscaras do Deus do Céu, nem uno nem múltiplo, somente possível.

REFERÊNCIAS

ARMSTRONG, K. *Uma história de Deus*. São Paulo: Companhia das Letras, 1994.

BÍBLIA SAGRADA. Rio de Janeiro: Sociedade Bíblica do Brasil, 1996.

BLAINEY, G. *Uma breve história do cristianismo*. São Paulo: Fundamento, 2012.

BOWKER, J. (org). *O livro de ouro das religiões*. Rio de Janeiro: Ediouro, 2004.

CAMPBELL, J. *As transformações do mito através do tempo*. São Paulo: Cultrix, 1993.

CORDEIRO, T. *Os primeiros brasileiros*. São Paulo: Abril, 2018. ELIADE, M. *Imágenes y símbolos*. Madrid: Taurus, 1987.

EDINGER, E. *O encontro com o self*. São Paulo: Cultrix, 1995.

EHRMAN, B. D. *Como Jesus se tornou Deus*. São Paulo: LeYa, 2014.

FADIMAN, J. e FRAGER, R. *Teorias da personalidade*. São Paulo: Harbra, 1979.

HELLERN, V.; NOTAKER, H. & GAARDER, J. *O livro das religiões*. São Paulo: Companhia das Letras, 2000.

HILLMAN, J. *Psicologia: monoteísta ou politeísta?* Gustavo Gerheim e Gustavo Barcellos (trads.). São Paulo: 1971, inédito.

HINNELLS, J. R. *Dicionário das religiões*. São Paulo: Cultrix, 1989.

HOELLER, S. *Jung e os evangelhos perdidos*. São Paulo: Cultrix e Pensamento, 1993.

JUNG, C. G. *Memórias, sonhos, reflexões*. Rio de Janeiro: Nova Fronteira, 1975.

______. *Aion, estudos sobre o simbolismo do si-mesmo*. CW

IX/2. Petrópolis: Vozes, 1982.

———. *A natureza da psique*. CW XII. Petrópolis: Vozes, 1991.

———. *O homem e seus símbolos*. Rio de Janeiro: Nova Fronteira, 1980a.

———. *Psicologia da religião oriental e ocidental*. CW XI. Petrópolis: Vozes, 1980b.

LURKER, M. *Dicionário dos deuses e demônios*. São Paulo: Martins Fontes, 1993.

PIERI, P. F. *Dicionário junguiano*. São Paulo: Paulus e Vozes, 2002.

SHARP, D. *Léxico junguiano*. São Paulo: Cultrix, 1997.

STEIN, M. *Jung, o mapa da alma*. São Paulo: Cultrix, 2005.

VALLA, V. V. (org.). *Religião e cultura popular*. Rio de Janeiro: DP&A, 2001.

VERGER, P. *Orixás, deuses iorubás na África e no novo mundo*. São Paulo: Corrupio e Círculo do Livro, 1986.

WHITMONT, E. C. *A busca do símbolo: conceitos básicos de psicologia analítica*. São Paulo: Cultrix, 1995.

ZACHARIAS, J.J.M. *Ori axé: a dimensão arquetípica dos orixás*. São Paulo: Vetor, 1998.

———. *Exu, meu compadre*. São Paulo: Sattva, 2019.

———. *Vox Dei: o simbolismo do órgão no cristianismo ocidental*. São Paulo: Vetor, 2002.

———. *Tipos: a diversidade humana*. São Paulo: Vetor, 2

SATTVA EDITORA

contato@sattvaeditora.com.br
www.sattvaeditora.com.br